Gitta Mallasz

DIE ENGEL ERLEBT

Anmerkung:

Die *Zahlen* in Klammern neben den Zitaten im Text beziehen sich auf die Paginierung des Dokuments
Die Antwort der Engel
(© Copyright Daimon Verlag, 1981, 1985, 1989, 1993, 2002
ISBN 3-85630-576-9)
Die *Grossbuchstaben* in Klammern weisen auf die Anmerkungen am Ende dieses Buches hin

Gitta Mallasz
die engel erlebt

5. Auflage, 2002
© Copyright Daimon Verlag, Einsiedeln, 1983, 1985, 1990, 1993, 2002

Alle Rechte vorbehalten

ISBN 3-85630-614-5

Umschlag und Gestaltung: Joel T. Miskin

DANK

Ich möchte Lela Fischli und Robert Hinshaw für ihre wertvollen Anregungen und für ihre Mitarbeit am Entstehen dieses Buches sehr herzlich danken. Mein Dank geht auch an Sandro Fischli für seine äusserst sorgfältige Durchsicht und Korrektur des Manuskriptes.

INHALTSVERZEICHNIS

Vorwort		8
Einleitung		11
I	Die Sprache	13
II	Die Verschiedenheit der Engel	19
	1. Alle Engel	21
	2. Der «Helfende»	23
	3. Der «Strahlende»	25
	4. «Morgen»	28
	5. Der «Bauende»	30
	6. Der «Messende»	31
III	Oft gestellte Fragen	36
	1. War Hanna ein Medium?	36
	2. Wachsen	37
	3. Spricht der Engel noch zu mir?	37
	4. Die Wissenschaft	38
	5. Innere Bilder	40
	6. Vergleiche	43
	7. Jesus	44
IV	Tun, Lassen und gelassenes Tun	46
V	Das Buch und seine Leser	50
VI	Wechselwirkungen	54
VII	Die Pädagogik der Engel	59
VIII	Die Liebe zum Naturhaften	68
IX	Wie begegnet man seinem Engel?	73
X	Die Macht des Menschen	78
XI	Zeit und Zeitlosigkeit	83
XII	Weltenende und Weltenwende	89

XIII	Der Schmetterling und das Kind	94
XIV	Vergessen und Erinnern	98
XV	Die Freude	102
XVI	Der heilige Mangel	106
XVII	Der kurze Traum und der lange Traum	110
XVIII	Das möglich gewordene Unmögliche	116
XIX	Das entscheidende Wort	120
XX	Die neue unbefleckte Empfängnis	127
XXI	Der Rauschtrank	132
XXII	Der Gedanke	136
XXIII	Unbewusstheit und Allbewusstheit	142
XXIV	Das Böse, die Sünde und der Teufel	146
XXV	Der Name	154
XXVI	Geben	158
XXVII	Die Mitte	165
Anmerkungen		172

VORWORT

In den letzten Jahren des Zweiten Weltkriegs fanden vier Freunde in Ungarn in grosser Bedrängnis als besondere Gemeinschaft zusammen. In ihrer inständigen Suche nach Halt, Wahrheit und Sinn inmitten einer von Hass, Vorurteilen und Kriegshetzerei geprägten Welt erfuhren sie etwas, was wohl am ehesten mit dem alten Wort «Offenbarung» beschrieben werden kann.
Während siebzehn Monaten lebten sie in einem erschütternden, tief berührenden Dialog mit einer bisher unbekannten Kraft. Die Erfahrung sowie der Wortlaut dieser Gespräche sind von Gitta Mallasz im Buch *Die Antwort der Engel* aufgezeichnet worden.* In lakonischer Kürze schrieb sie zu dieser Veröffentlichung: «Dieses Buch ist ein Dokument. Es ist weder Dichtung noch schriftstellerischer Essay, sondern ein getreuer Bericht von Geschehnissen, die sich während der Jahre 1943 und 1944 in Ungarn ereigneten. Der Leser – die Leserin – muss es nehmen, wie es ist. Oder sein lassen.»

Das Dokument stiess gleich nach seiner erstmaligen Veröffentlichung in französisch auf ein unerwartet grosses Echo und wurde in viele weitere Sprachen übersetzt. Gitta Mallasz erhielt eine Flut von Leserbriefen, die sie mit viel Hingabe beantwortete, sowie auch eine Menge von Einladungen zu Vorträgen, die sie lange höflich, aber kategorisch ablehnte. Mit aller Entschiedenheit und einer bodenständigen Sachlichkeit, der nie der Witz fehlte, wehrte sie sich dagegen, als eine besondere Protagonistin auf dem boomenden Jahr-

---

* Gitta Mallasz, *Die Antwort der Engel*, Daimon Verlag, Einsiedeln (1. Aufl. 1981), 11. Aufl. 2001

markt der Esoterik zu gelten. Viel zu tief war ihre Überzeugung, nichts «Aussergewöhnliches» erlebt zu haben, sondern etwas, das grundlegend zum menschlichen Sein gehört – stets jedoch in eigener, individueller Form zutage treten will.

Lange wehrte sie deshalb jegliche persönlichen Auftritte ab – ihre Aufgabe bestehe in der Veröffentlichung des Dokuments aus der Kriegszeit. Als in den Achtzigerjahren überraschend eine Einladung des C.G. Jung Instituts in Küsnacht/Zürich an sie erging, hob Gitta Mallasz ihre bislang so bestimmte Abgrenzung auf. Und zwar aus einem sehr persönlichen Grund. Während ihres Lebens im kommunistischen Ungarn der Nachkriegszeit ohne ihre in den Lagern umgekommenen Freunde war ihr C.G. Jungs Buch *Erinnerungen, Träume, Gedanken* in die Hände gekommen. Zum ersten Mal fand sie in diesem biographischen Zeugnis einer inneren Auseinandersetzung so etwas wie einen Widerhall und eine Korrespondenz mit ihrer eigenen Erfahrung. Lange Zeit gab ihr dies Hoffnung und Kraft, dem Moment entgegenzuharren, wo sie in Freiheit ihre Erfahrung einer Öffentlichkeit zugänglich machen konnte. Aus dieser inneren Verbundenheit und Dankbarkeit heraus nahm sie nun diese Einladung an. Ein Teil des vorliegenden Buches *Die Engel erlebt* basiert auf ihren damaligen Vorträgen.* Ein weiterer Teil beruht auf der thematischen Zusammenfassung ihrer vielen Antworten auf individuelle Fragen ihrer Leserinnen und Leser.

Mit Einfachheit, persönlicher Klarheit und Schlichtheit, mit Humor und Liebenswürdigkeit gibt sie Einblick in ihr persönliches Verständnis der Botschaften – ein Verständnis, das

---

* Als Tonbandkassetten «Die Engel erlebt» beim Daimon Verlag erhältlich.

in konkreten, oft äusserst bedrängenden Lebensumständen gewachsen ist. Nichts Dogmatisches oder Fixiertes haftet ihren Ausführungen an – ihre Absicht ist es, durch persönliches Zeugnis für die je eigene, individuelle Weiterentwicklung zu öffnen.

Gitta Mallasz hat nach *Die Engel erlebt* noch zwei weitere Bücher zu oft gestellten Fragen verfasst – *Weltenmorgen* und *Sprung ins Unbekannte*. Sie sind ein persönliches Vermächtnis und ein Testament einer Freundschaft, in der alle Beteiligten Einblick in nie gekannte Tiefen und Höhen erhielten.

Ende Mai 1992 ist Gitta Mallasz in Frankreich gestorben.

Elena Fischli

EINLEITUNG

Dieses Buch ist weder ein Lebensbericht noch ein Erinnerungsbuch. Es ist eine Antwort auf bestimmte Leserfragen. Sie beruht auf Erlebtem.

Ich kann der Belehrung der Engel kein Wort hinzufügen … niemand kann es.

Es liegt mir überdies ferne, das Wort der Engel erklären zu wollen. Das Wort der Engel ist nicht zu einer Anhäufung von Wissen gegeben, sondern zu immer intensiverem individuellem Erleben.

Es liegt mir auch ferne, von der Wahrheit dieses Erlebnisses überzeugen zu wollen. Entweder fühlt man es als wahr, oder man fühlt es nicht. Daran kann ich nichts ändern.

Aber als letzte lebende Zeugin dieses Erlebnisses möchte ich dennoch von einem zeugen und überzeugen:
Wie *natürlich* für uns die Begegnung mit den Engeln war – und wie *natürlich* sie für uns alle ist.

I

DIE SPRACHE

Der Sinn der Engelbotschaft ist schwer mitteilbar. Nicht nur die Worte vermitteln den Sinn, sondern ebenso die sie ergänzenden, dynamischen Bilder, die uns gleichzeitig gezeigt wurden.
Die Worte wurden in verschiedene Sprachen übersetzt. Wo aber bleiben die Bilder? Ihre Numinosität ist unübersetzbar.
Ja, die Engelbotschaft ist schwer zu vermitteln. Auch aus einem anderen Grund. Sie wurde in einer Sprache gegeben, die nur zehn Millionen Menschen sprechen: im Ungarischen. Oft fragte ich mich, warum die Engel eben diese Sprache wählten. Vielleicht, weil sie noch nahe ihrer Wurzeln, also noch *wahr* ist?
Sprach der Engel z. B. von Gott, so gebrauchte er fast immer das Fürwort «Ö», das weder männlich noch weiblich ist, sondern beides zugleich. Ist dies nicht wahrer als die Fürwörter «Er», «He», «Il», die nur die männliche Hälfte der Gottheit, den Gott-Vater, bezeichnen? Wo aber bleibt in diesen Sprachen die weibliche Hälfte, die göttliche Mutter?
Jedes Mal, wenn wir in den Übersetzungen das männliche Fürwort für den Gottesbegriff setzten, hatte ich das Gefühl, etwas zu verraten, ja, zu lügen. Hier ein Beispiel:

DU MEINST, GEBÄRENDE ZU SEIN,
UND *ER* IST ES, DER DICH GEBAR. [154]

DIE SPRACHE

In solchen Fällen liebte ich das Wörtchen «Ö», das so klar den Vater-Mutter-Begriff in sich vereint, und stand hilflos der männlichen Einseitigkeit anderer Sprachgebräuche gegenüber.

Viele Ausdrücke der ungarischen Sprache sind von einer archaischen Einfachheit. Gerade solche Worte gebrauchten die Engel mit Vorliebe. Sie vermieden immer abstrakte oder philosophische Begriffe. Soweit möglich, versuchten wir das in den Übersetzungen zu berücksichtigen, aber es gelang nicht immer, da in anderen Sprachen manchmal keine so wurzelhaften Wortentsprechungen gefunden werden konnten.

Ein weiteres Beispiel: «Individuum» bedeutet im Ungarischen «Egyén», das aus zwei Worten besteht: «Egy – én», «Ein–Ich», und so klar die Person bezeichnet, die ihre vielen auseinanderstrebenden Teilaspekte in einem einzigen «Ich» vereinen konnte:

DAS EINSGEWORDENE ICH IST REINSTER GRUND –
NICHT ZIEL, SONDERN FUNDAMENT.
DER WAHRE FELS, DEN DER HIMMEL AUFNIMMT,
IST DAS REINE, UNGEBROCHENE ICH. [373]

Ein anderes Beispiel: Der Engel sagte von Jesus, dass er schon unser *Bruder* sein könne. Das Wort «Bruder» entspricht dem ungarischen Wort «Testvér», das wiederum aus zwei Worten besteht: «Test» bedeutet «Körper» und «Vér» bedeutet «Blut». Der Genius der Sprache erlaubt es, durch ein einziges Wort auszudrücken, dass unsere Einheit mit Jesus nicht nur seelisch sein soll, sondern den *Körper* und das *Blut* mitinbegriffen wissen will.

ER IST DER SOHN,
GOTTES GEKREUZIGTER SOHN.
SCHON KANN ER *BRUDER* SEIN,
VERWANDTER HÖCHSTEN IRDISCHEN GRADES. [378]

Noch ein Beispiel: «Angst» bedeutet im Ungarischen «Félelem», dessen Wurzel «Fél» = «Hälfte, halb, Halbheit», bedeutet. Aber niemand denkt mehr daran. Als Lili einmal fragte, warum noch so viel Verzweiflung und Angst in ihr sei, antwortete der Engel, dass sie noch «halb» sei:

DU BIST NOCH NICHT EINS
MIT DEINER ANDEREN HÄLFTE. [35]

Im ungarischen Wort kommt klar zum Ausdruck, dass sie Angst hat, weil sie halb ist, da sie noch nicht mit ihrer lichterfüllten Hälfte vereint ist.
Als ich das hörte, staunte ich über den tiefen wurzelhaften Sinn des Wortes «Félelem». Es drückt den Grund aller menschlichen Angst aus: das Halb-sein. Entstand die Ur-Angst, als das Eine sich ent-zweite, und wird sie enden, wenn die zwei Hälften sich wieder vereinen werden?

Die Sprache der Engel hatte noch eine andere Eigentümlichkeit: Während des ersten Teiles der Gespräche kam es oft vor, dass Wichtiges in kurzen, leicht fassbaren Versen gesagt wurde. Sie waren den Kindergarten-Reimen ähnlich, die ganz von selbst ins Ohr fliessen und sich dennoch tief einprägen. Mir scheint, auch wir waren im Kindergarten der Engel und diese «Kinder-Mantras» berührten uns unmittelbar. Ton und Rhythmus nahmen nicht den Umweg über den Verstand.
Dazu zwei Kostproben. Ich zitiere sie im ursprünglichen ungarischen Wortlaut:

DIE SPRACHE

TÜZ CSAK BENNETEK LEHET – CSAK BENNETEK
DE TENNETEK KELL – TENNETEK!
(DAS FEUER KOMMT NUR DURCH EUCH –
NUR DURCH EUCH.
ABER TUT – TUT!) [246]

und:

IDÖBEN TETT – IDÖTLEN TETT.
(TAT ZUR RECHTEN ZEIT
IST TAT AUSSER ZEIT.) [48]

Die Sprache der Engel änderte sich im zweiten Teil der Gespräche. Sie wurde durchwegs rhythmisch. Als eine Ungarin zum ersten Male die französische Übersetzung las, sagte sie erstaunt: «Jetzt erst entdecke ich den tiefen Sinn der Botschaft! Im ungarischen Text liess ich mich bei jedem Lesen nur entzückt vom Rhythmus der Worte wiegen und das genügte mir. In der Übersetzung ging der Rhythmus verloren und so konzentrierte ich mich auf den tiefen Sinn des Gesagten.»
Gegen das Ende der Gespräche drang ein Ruf zum Erwachen in uns ein. Selten habe ich körperlich so eindringliche und eindringende Worte empfunden wie diesen Weckruf. Er durchtönte uns mit dem hellen Selbstlaut «E»:

«ÉGJETEK! ÉLJETEK! FÉNNYEL TELJETEK! ÉBREDJETEK!
KELJETEK FEL! FÉNYETEK KELL! LÉNYETEK ÉG.
(BRENNET! LEBET! ERFÜLLT EUCH MIT LICHT!
ERWACHET! ERHEBET EUCH! EUER LICHT
IST NÖTIG! EUER SEIN ENTBRENNT!) [403]

Nichts während der Gespräche war starr, ein für alle Male festgelegt. So nahm Hanna z. B. anfangs nur den Sinn der Botschaft wahr und formte ihn – so gut sie es konnte – in Worte

DIE SPRACHE

unserer Sprache. Später, als das rhythmische Element zu dominieren begann, hörte ihr inneres Ohr aber die dem Rhythmus entsprechenden Worte.

Dieses Hören war so klar, dass sie nur die vernommenen Worte auszusprechen brauchte. Einer Freundin, die dem fünfundachtzigsten Gespräch beiwohnte, öffnete sich durch den belebenden Einfluss der Engel das innere Ohr und sie konnte auch «mithören». Sie hörte dieselben Worte wie Hanna bis auf eines. Nach dem Gespräch fragte sie, ob sie es wohl richtig verstanden hätte, und Hanna antwortete ihr: «Du hast richtig gehört; hier habe ich nicht richtig ausgesprochen.» Diese Freundin ist die einzige, die aus dem Todeslager Ravensbrück heimkehrte. Sie lebt derzeiten in Australien.*

Die Möglichkeit des inneren Hörens schlummert in uns allen. Im Falle Hannas war es so deutlich, dass sie es nicht benötigte, alle Worte zu verstehen. Die in deutscher Sprache erhaltenen Botschaften sind dafür ein gutes Beispiel. Hanna sprach mittelmässig gut deutsch und sie fragte mich nachher über die Bedeutung einiger ihr unbekannter Worte, die ich ihr sogleich ins Ungarische übersetzte. Ausserdem hatte sie nicht die geringste poetische Begabung und dennoch vermittelte sie Verse in konzentriert rhythmischer Form. Hier als Beispiel der Beginn einer deutschen Botschaft:

LASSE DIE GASSE,
WO DIE BLASSE GOSSE
SICH ERGIESSET.
AUS GOSSE WIRD KEIN WEIN ...   [218]

---

* Eva Langley-Dànos, gest. 2001. Einen erschütternden Bericht über die Deportation und den Tod von Hanna und Lili findet man in ihrem Buch *Zug ins Verderben*, Daimon Verlag, Einsiedeln, 2001.

DIE SPRACHE

Die deutschen Botschaften weiterzugeben war eine leichte Aufgabe. Die ungarischen Botschaften in anderen Sprachen weiterzugeben war hingegen eine schwere Verantwortung.

ACHTE AUF DAS WORT! DAS WORT BAUT AUF.
ES IST NICHT GLEICH,
WELCHER STEIN ZU WELCHEM STEIN GEFÜGT WIRD,
DENN WAS DU BAUST – KÖNNTE ZUSAMMENSTÜRZEN.

[227]

Jahrelang suchten wir – die Übersetzer – nach den richtigen Worten. Und manchmal fielen sie uns plötzlich ein. Seitdem weiss ich, dass eine jede Sprache von ihrem eigenen Genius – von ihrem eigenen Engel – geleitet wird. Oft hatten wir seine Mithilfe wahrgenommen.

II

DIE VERSCHIEDENHEIT DER ENGEL

Als Hanna mich einmal während einer Diskussion unterbrach und mich warnte: «Nicht mehr *ich* werde zu dir sprechen!» um mir dann strenge Worte zu vermitteln, wusste ich sofort mit unumstösslicher Gewissheit, dass mein innerer Meister zu mir spricht. Ich habe auch nie aufgehört, ihn als solchen zu empfinden, selbst als er mir viel später die Struktur der sieben Lebensstufen erklärte und hinzufügte, dass er der fünften Lebensstufe – der der Engel – angehöre. Das intime, vertrauensvolle Verhältnis zwischen Meister und Schüler blieb immer vorherrschend.

Während der siebzehn Monate der Gespräche lernten wir mehrere Engel kennen. Sie alle gehören der fünften Hierarchie an, aber ihre individuellen Aufgaben bestimmen ihr *Wirken* auf je einer der sieben Lebensstufen.

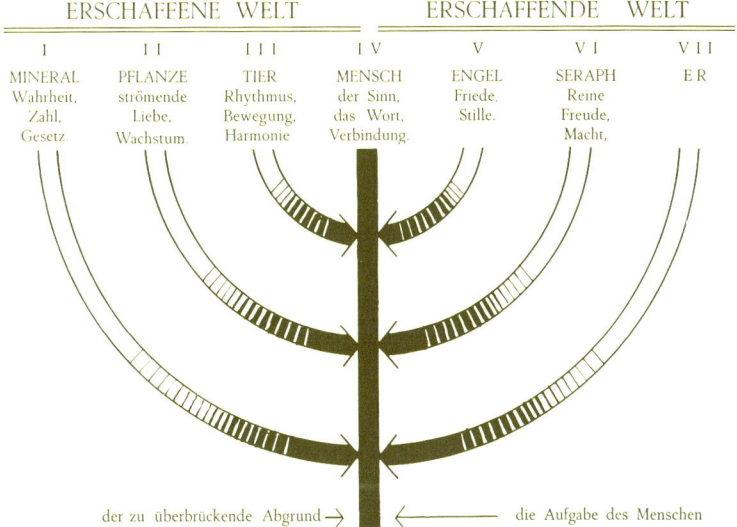

DIE VERSCHIEDENHEIT DER ENGEL

Lilis Lehrer wurde der «Helfende» genannt und er wirkt auf der zweiten Lebensstufe. Der meine, der «Strahlende», wirkt auf der sechsten. Hannas Engel ist der «Messende», der das Gleichgewicht der Mitte hält. Josephs Lehrer, der «Bauende», ist auf der fünften Lebensstufe tätig.
Diese Benennungen weisen auf ihr Wirken hin, sind aber nicht ihre Namen.
Zu Beginn der Gespräche befasste sich jeder Engel hauptsächlich mit *seinem* Schützling. Bald aber erweiterten die Engel ihren Wirkungskreis. Eines Tages sagten sie uns:

DER «MESSENDE» MISST ALLE.
DER «HELFENDE» HILFT ALLEN.
DER «BAUENDE» BAUT ALLE.
DER «STRAHLENDE» STRAHLT ALLEN. [201]

Einmal tauschte während eines Gespräches Lilis Engel mit dem meinen die Rolle des Lehrers und sie bereicherten uns durch diesen ungewohnten Einfluss. Als Lili ein anderes Mal einem pädagogischen Kongress beiwohnen sollte, riet ihr der «Strahlende» Engel, *ihn* zu rufen, und nicht ihren eigenen Lehrer, den «Helfenden»:

MORGEN RUFE MICH,
DENN DU SOLLST STRAHLEN UND NICHT HELFEN.
DU SOLLST DAS NEUE LICHT ZEIGEN,
DAS NICHT DURCH DEINE WORTE,
SONDERN DURCH DEINE SICHERHEIT STRAHLT. [203]

Später wurde der Kreis noch mehr erweitert, als der Chor der Engel zu uns sprach. Da fühlten wir die Macht vielfältiger Wesenheiten, die aber unpersönlich war, während der Kontakt mit unseren Engeln den Charakter einer intim persönlichen Beziehung des Lehrers zu seinem Schüler hatte.

DIE VERSCHIEDENHEIT DER ENGEL

Alle Engel

Trotz der individuellen Verschiedenheiten konnte ich viele Eigenschaften beobachten, die *alle* Engel gemeinsam haben. Ein Beispiel: Sie sehen mit unglaublicher Klarheit, was in uns Menschen vorgeht. Wir sind für sie durchsichtig wie Glas.
Ein anderes Beispiel: Die Gegenwart aller Engel wirkt heilend. Hanna hatte einmal eine Grippe mit hohem Fieber, die schon tagelang dauerte. Trotzdem war sie bereit, das Wort der Engel zu vermitteln, und nach dem Gespräch war die Krankheit wie weggewischt.
Das Lied und der schöpferische Tanz scheint auch zum Wesen mancher Engel zu gehören. Der «Helfende» sagte einmal zu Lili:

ICH BIN TÄNZER UND ICH TANZE FÜR *IHN*. [243]

Damals konnte ich mir unter diesem «Tanzen» nichts Genaues vorstellen. Der Engel, der sich «Morgen» nannte, brachte mir diesen Begriff näher.

ICH TANZE IM TAKT – GANZ FREI UND NACKT
IM PULSSCHLAG DER WELT – DER ALLES ERHÄLT. [206]

Da begann ich zu ahnen, dass das Lied und der Tanz der Engel dem schöpferischen Rhythmus der Evolution entspricht. Ich erinnerte mich auch sogleich an die bekannte Statuette des indischen Gottes Shiva, die mir – wie nie zuvor ein Kunstwerk – den erschaffenden Rhythmus der Bewegung, des Tanzes, fühlbar gemacht hatte.
Aus allen Engeln strahlt etwas kaum Fassbares, das ich noch am ehesten mit den Worten «dynamische Stille» bezeichnen könnte.
Alle Engel, selbst der milde, uns am nächsten stehende «Helfende», können sich erschreckend weit von unseren mensch-

DIE VERSCHIEDENHEIT DER ENGEL

lichen Massstäben entfernen. Ihre Begriffe von Tod und Zerstörung sind so verschieden von den unsrigen, dass sie uns gegebenenfalls eisig ferne erschienen; wir fühlten jedoch genau, dass unsere Begriffe gefühlsverschleiert sind, die der Engel aber von kristallener Klarheit.
Aller Engel sicheres Kennzeichen ist die Freude. Sie ist ihr Lebenselement, sie ist die Luft, die sie atmen.

DIE FREUDE IST DIE LUFT DER NEUEN WELT. [162]

Die Engel waren uns in freudiger Festesstimmung am nächsten. Als wir uns für das Weihnachtsfest vorbereiteten, wünschten sie, mit uns zu feiern und sagten: «Ladet ihr uns ein, so kommen wir sicherlich». Und sie kamen. Nie, aber nie könnte ich die unsäglich *leichte* Freude, von der wir während dieses Festes durchstrahlt wurden, vergessen.

DIE FREUDE KENNT KEINE GRENZEN,
KEINEN BEGINN, KEIN ENDE,
DENN SIE IST EWIG.
WAS IHR ERHÄLT, IST FREUDENQUELLE
FÜR FREUDENLOSE. [158]

Die Intensität der Engel steigerte sich einmal zu heller Glut. In einer unheilsschwangeren Nacht wurde Ungarn von den Truppen Hitlers besetzt. Zur selben Zeit fand ein Gespräch von bisher nie erreichter Lichtkraft statt. Es war das Feuer der Verherrlichung Jesu, des «Siebenten», des Herrn aller Lebensstufen.
Erst nachher sagte uns Lilis Engel, dass diesmal der Chor der Engel zu uns gesprochen habe, und da verstand ich den Grund der so ungewöhnlichen Intensität.

DIE VERSCHIEDENHEIT DER ENGEL

Der «Helfende»

Die individuelle Eigenheit von Lilis Engel ist das sich niederneigende Erbarmen, das Helfen.
Er wirkt auf der zweiten Lebensstufe, die von der Liebe beseelt ist. Sein Zeichen ist das nach unten weisende Dreieck, der Trichter, durch den sich die heilende Kraft der Liebe in die Tiefe menschlichen Elends ergiesst. Als Lilis Lehrer zum ersten Male sprach, fühlte ich eine milde, heilende, entspannende Kraft. Selbst der Tonfall der Stimme war beruhigend. Unter allen Engeln kann der «Helfende» am tiefsten niedersteigen und dies lehrte er auch Lili:

DER HELFENDE MUSS IN DIE TIEFE NIEDERSTEIGEN.
ICH GEBE DIR DEN SCHLÜSSEL DER TIEFE.
SEIN NAME IST: DIE AUFGABE. [46]

Als Lili in die tiefsten Tiefen menschlichen Elends niederstieg, erfüllte sie ihre Aufgabe. Sie wurde zur Quelle des Trostes und des Helfens für ihre Mitgefangenen im Vernichtungslager Ravensbrück.
Die liebende Hilfsbereitschaft kennzeichnet Lilis Engel, aber man täusche sich nicht! Er findet vernichtende Worte dort, wo Güte zu selbstgefälliger Tugend wird. Lilis Engel ist herb. Sein Helfen hat nichts mit sentimentaler Güte zu tun:

SEI NICHT BEFLECKT VON DER «GÜTE»!
DER «GUTE» MENSCH, DER SPENDET, DER HILFT, DER SAGT:
«ICH GEBE». UND SIEHE! WAS GIBT ER? DEN TOD.
VERDORBENES, ENTARTETES GESCHLECHT, WEHE EUCH!
IHR BAUT «GUTE» KRANKENHÄUSER FÜR EURE OPFER.
DU ABER – MEIN DIENER – DU BIST NICHT «GUT»
UND DAS *GUTE* FLIESST DURCH DICH. [155]

DIE VERSCHIEDENHEIT DER ENGEL

Ein anderes Mal sprach der Engel von Eltern, deren Kindesliebe als Tugend empfunden wird und er wiederholte mit Bitternis ihr Eigenlob:

«WIR SIND SO GUT ZU UNSEREN KINDERN...»
UND ALLES VERKÜMMERT, WEIL *WIR* GUT SIND.
WENN DAS KIND ERWACHSEN WIRD,
IST ALLES IN IHM SCHON ERSTORBEN. [194]

Alles Laue, Stagnierende, verwirft der Engel der Liebe. Er gab uns ein vernichtendes Bild des evolutionsunfähigen, gewohnheitsverhafteten Menschen:

ZWEI EIER. IN EINEM DER LEBENSKEIM – IM ANDERN NICHT.
DURCH DIE WÄRME WÄCHST DER KEIM,
KEIMLOSES ABER VERDIRBT.
WO FÄULNIS IST UND ÜBLER GERUCH –
DORT FEHLT DER KEIM.
DER KLEINE VOGEL WIRFT DAS KEIMLOSE EI AUS DEM NEST,
OHNE MITLEID, DENN ER WÄRMTE ES UMSONST.
DER MENSCH ABER SITZT AUF DEM KEIMLOSEN EI
UND WÄRMT ES NOCH IMMER...
ES VERDIRBT, VERFAULT UNTER IHM,
DENNOCH WÄRMT ER ES NOCH IMMER... [138]

Der «Helfende» Engel ist das liebende Erbarmen selbst, er wird aber erbarmungslos streng dort, wo die Liebe zu allem Lebenden durch den Menschen entartet und verzerrt wird.
Beim Lesen des Buches *Die Antwort der Engel* tritt das Bild des «Helfenden» vielleicht am klarsten hervor. Viele Briefe zeugen von der Anziehung, das es auf die Leser ausübt. Das ist nicht erstaunlich, denn im Grunde genommen sind wir Menschen ja alle hilfsbedürftig, und der grosse Engel des Helfens ist ein tröstendes Bild.

DIE VERSCHIEDENHEIT DER ENGEL

Wird aber das Helfende *nur* im Bilde von Lilis Engel gesehen, kann etwas Wesentliches versäumt werden: das Bild des *eigenen* Engels zu finden.

Jeder Mensch hat sein lichterfülltes Vorbild, das genau seiner wahren Individualität entspricht, und das im Bewusstwerden eben dieser Einzigartigkeit gefunden werden kann.

Der «Strahlende»

Während die individuelle Eigenheit von Lilis Engel das sich *niederneigende* Erbarmen ist, kennzeichnet meinen Lehrer das *emporflammende* Feuer.

Der «Strahlende» Engel hat sein Wirkungsfeld auf der sechsten Lebensstufe. Es ist die Feuerwelt der Seraphim. Er ist berufen, belebendes Feuer und strahlende Kraft weiterzugeben.

Gleich zu Beginn der Gespräche wollte er mich aus meiner dumpfen, nebligen Lethargie erheben, indem er mir durch Hanna einen Funken brennenden Lebens übermittelte, aber Hanna konnte dessen Intensität noch kaum ertragen.

Als er uns vom göttlichen Rausche sprach, war sein Lodern wieder so stark, dass Hanna sich während des Gespräches ausruhen musste.

Immer war er es, der von der Heiligkeit des Rausches, von der Umwandlung durch das Brennen, von der erlösenden Kraft des Feuers und vom sonnenhaften Strahlen sprach. Auch er hat seinen Meister:

DIE «FÜNF» IST DER ENGEL – DIE «SECHS» DER SERAPH.
WAS ICH DIR BIN – DAS IST ER MIR:
MEIN MEISTER UND MEIN VERMITTLER.   [240]

Als ich das Wort «Seraph» hörte, sagte es mir damals nicht viel. Ich fühlte noch kaum die weissglühende Intensität im Meister meines Meisters. Ich wusste aber, dass das Feuer, das mir der

«Strahlende» Engel übergab, schon meiner schwachen Aufnahmefähigkeit entsprechend «gefiltert» war.

DAS LICHT, DAS WIR GEBEN, IST ZWEIMAL GEDÄMPFT,
DENN ES IST SO STARK,
DASS DIE WELT IN FLAMMEN AUFGINGE.
ERHEBET EUCH! FILIERT ES WIEDER!
NUR SO KANN LICHT KOMMEN!
FEUER SENKT SICH ZUR ERDE. [245]

Das Wesen meines Engels ist Feuer, und dennoch musste er zu Beginn der Gespräche in das wässrige Element meiner weinerlichen Stimmungen tauchen, um mich erreichen zu können. Damals war ich noch im Selbstmitleid ob meiner vermeintlichen Minderwertigkeiten befangen. Hanna fühlte in ihm ein gewisses Widerstreben vor diesem ihm so fremden Element.
Wenn ich ihn hingegen mit Freude erwartete, erleichterte dies sein Kommen, denn die Freude ist sein Lebenselement:

NUR IN DER FREUDE BIN ICH GEGENWÄRTIG. [40]
DEINE FREUDE ERLEICHTERT MIR DAS HIERSEIN. [48]

Während der Gespräche war die Einheit der Engel mit Hanna erstaunlich. Sie war beinahe organisch. Das Wesen meines Engels ist feurig und schwebend. Deshalb nahm er ein niederziehendes Element zur Hilfe, um – davon beschwert – mich leichter erreichen zu können. Dieses Element war das Wasser. Er erreichte es durch eine organische Tätigkeit, durch das Wassertrinken: er wünschte, dass Hanna Wasser trinke.

DAS WASSER BRINGT MICH DIR NÄHER.
WAS FÜR MICH WASSER IST – IST FÜR DICH FEUER. [41]
DAS FEUER IST HEITER, – DAS WASSER IST SCHWER. [27]

DIE VERSCHIEDENHEIT DER ENGEL

Das Wasser fliesst nieder, die Tränen fliessen nieder, das Wasser folgt dem Gesetz der Schwere. Das Feuer ist leicht, sein Lodern strebt in die Höhe empor.
Einmal sprach der Engel von der Liebessehnsucht der entzweiten Welt nach dem Einswerden und sein Feuer war Hanna wieder kaum erträglich. Da bat der Engel um Wasser, Hanna trank es und der Engel sagte:

ICH BIN TIEFER GESTIEGEN. [69]

Mein Meister, der Feuerengel, konnte sich, durch Hannas Wassertrinken beschwert, in unser Lebenselement niedersenken, aber es war ihm – der in heller Glut brennt – versagt, das Wasser selbst zu berühren.

ICH KANN NICHT IN DAS WASSER TRETEN,
DENN DAS WASSER VERTROCKNET DORT, WOHIN ICH TRETE.
DAS WASSER IST NÖTIG UND DAS FEUER AUCH.
DAS FEUER IST HERR ÜBER DAS WASSER –
ER IST HERR ÜBER ALLES. [209]

Der Engel hielt die Grenze seines Niedersteigens ein. Hanna hingegen erhob sich während der Gespräche bis zur Grenze ihrer menschlichen Fähigkeiten. Die beiden Grenzen berührten sich und dennoch war nichts verwischt, der Engel blieb Engel – und der Mensch blieb Mensch. Nicht die Ähnlichkeit, sondern die sich ergänzende Verschiedenheit scheint das Einswerden zu ermöglichen. War das ein erster Schritt zur Einheit, die der neue Mensch einst ständig leben wird?
Der Feuer-Engel konnte das ständige Auf-und-Ab, das endlose Wellenschlagen der Gefühle, nicht berühren. Das Zeichen dieser Gefühle ist das Wasser.
Die Engel sind aber nicht über alle Gefühle erhabene Wesenheiten. Im Gegenteil, ihre Gefühle schienen uns oft er-

schreckend wild, derart ist ihre Glut jenseits menschlicher Masse. Selbst ihre «unbewegten» Gefühle sind dynamisch strahlend. Sie sind sonnenhaft.

WAHRES GEFÜHL IST UNBEWEGT,
LIEBT ALLES UND STRAHLT.
DIE SONNE IST UNBEWEGT UND STRAHLT ÜBERALL. [43]

Ich habe viel vom Wasser erzählt und das Feuer kaum erwähnt. Ich könnte es auch nicht, ohne die ganze Botschaft des strahlenden Engels zu zitieren, denn seine Worte sind nichts anderes als belebendes Feuer.

«Morgen»

Der Engel, der sich «Morgen» nannte, sprach in rhythmischer Form zu einem Jugendfreund von mir, der deutscher Herkunft war. Schon als Kind war er von der poetischen Sprache fasziniert.
Ich erinnere mich gut, wie er als kleiner Knabe unermüdlich ein Blumenbeet umkreiste und einen Reim endlos lang wiederholte, dessen Wohlklang sein Ohr entzückte. Ich glaube, dass «Morgen» die deutsche Sprache und die rhythmische Form wählte, um sich ihm leichter nähern zu können.
Als mein Freund ein noch blind tastendes, erstes Interesse an den Engelbotschaften zeigte, brach im Engel ein fesselloser Freudensturm aus. Der erste Kontakt zwischen Mensch und Engel hatte stattgefunden:

ER IST MEIN!
ICH LASSE IHN KEINEN AUGENBLICK MEHR.
ICH LACHE VOR FREUDE, ICH TANZE WIE WILD:
ER IST *DOCH* NACH GOTTES BILD GEFORMT! [152]

DIE VERSCHIEDENHEIT DER ENGEL

Ich hatte hier für einen Augenblick lang die ungeahnt wilde Kraft des Engels, der in heiliger, bebender Ungeduld auf die erste Annäherung seines Schützlings wartete, wahrgenommen.

Der Engel hatte aber in seinem Freudenausbruch ein kleines Wort ausgesprochen, das auf eine erschreckende Möglichkeit hinwies: «Er ist *doch* nach Gottes Bild geformt!» Also könnten wir die Gottesähnlichkeit entstellen, sie vergeuden und auch ... verlieren?

Mein Jugendfreund verliess Ungarn kurz nach diesem ersten flüchtigen Kontakt mit seinem inneren Lehrer. So wurden die Botschaften immer seltener. Bevor sie aber aufhörten, gab uns der Engel ein Geschenk: seinen Namen.

Ich weiss nicht, warum er als einziger unter den Engeln seinen Namen enthüllen durfte. Der *wahre* Name hat für mich etwas Geheimnisvolles. Er hat magische Kraft, denn er enthält das Wesentliche des Benannten.

Hanna litt tief, ohne es zu zeigen, am unsäglichen Elend der damaligen Zeiten. Ich fühlte sie oft an der Grenze des Mit-Leidens. Sie empfand den Weheschrei von Millionen von Menschen, die hilflos dahingemordet wurden.

Ich ahnte, dass der lichterfüllte Name «Morgen» die nötige Kompensation an Kraft war, damit sie die verheerende Dunkelheit ertragen konnte.

ICH GEB DIR MEINEN NAMEN.
NAMEN HABEN NUR EINSAME.
SEI LICHT! NAME IST KEINE PFLICHT.
NAME IST SAME.
HEUT GEB ICH DIR MEINEN NAMEN.
MEIN NAME IST «MORGEN»
EWIG UND EWIGLICH. [220]

Der Name «Morgen» strahlte in uns alle – in dieser Zeit tiefster Nacht – die Gewissheit des schon nahen Welten-Morgens.

DIE VERSCHIEDENHEIT DER ENGEL

Der «Bauende»

Josephs Lehrer hatte sein Wirkungsfeld auf der fünften Lebensstufe, deren Kennzeichen «Stille und Frieden» sind. Joseph war still und wortkarg.

Sein Engel nannte ihn «Gesandter der Himmels», was anzeigte, dass Joseph gesandt war, in dieser lärmenden und friedlosen Welt Stille und Frieden zu verbreiten. Und so war es auch. Wenn Joseph unter erregte und streitsüchtige Hitzköpfe trat, wurden sie bald ruhig und ihre Streitereien wurden belanglos. So wirkte Josephs wortlose Gegenwart.

Alle Engel gehören der fünften Lebens-Sphäre an, aber Josephs Engel hatte *auch* sein Wirkungsfeld auf der fünften Lebensstufe. Dieser doppelte «himmlische» Einfluss war in Joseph gut bemerkbar. Er war der am wenigsten Irdische unter uns, und ich hatte oft den Eindruck, dass er in seinem Körper nicht ganz «zu Hause» war.

Deshalb betonte der «Bauende» immer wieder die Wichtigkeit des Irdischen:

DEIN HIMMEL IST GRÜN – WEIL DIE ERDE GRÜN IST. [225]

Joseph konnte sein erlösendes Gleichgewicht nur durch das tiefe Erleben des Materiellen erlangen. Dementsprechend belehrte ihn sein Engel durch materielle Geschehnisse wie etwa das Fallen von Steinen.

Es geschah eines Tages, dass die Wand von Josephs Atelier einstürzte und Steine am Boden herumlagen. Im nächsten Gespräch sagte Josephs Lehrer:

KÖNNEN WIR NICHT SPRECHEN,
SO SPRECHEN DIE STEINE.
DER STEIN FIEL ZUR ERDE UND ZEIGTE DIR,
WO DEIN MANGEL IST. [225]

DIE VERSCHIEDENHEIT DER ENGEL

Immer wieder kompensierte der Engel Josephs etwas schwebendes Wesen durch Bilder des Materiellen wie «das tiefgegrabene Fundament» oder «sein Ausfüllen mit Steinen», aber auch mit dem «Bauen des neuen Gebäudes».
Bald bemerkte ich, dass dieses «Bauen» in einer Lebenssphäre stattfindet, wo durch Ton und Rhythmus die schöpferischen Vor-Bilder späteren, irdischen Geschehens geformt werden. So wurde Joseph gesagt:

DU BAUST DEM HIMMEL NEUE MAUERN HIER UNTEN,
NICHT MEHR MIT STEIN,
SONDERN MIT GESETZ, RHYTHMUS UND LIED. [244]

Joseph musste das Gesetz der Schwere kennen, um «Schwereloses» bauen zu können.
Er war der einzige unter uns, der das Bild seines Engels sah. Es war in grünes Licht getaucht, wahrscheinlich um Josephs Aufgabe auf der «grünen» Erde zu unterstreichen. Es war auf unserer «grünen» Erde, wo Joseph das Gewicht der Schwere freiwillig anzunehmen hatte, um sich erheben zu können:

DAS GESETZ DER SCHWERE BINDET UND ERHEBT. [225]

Der «Messende»

Hannas Meister ist der «Messende». Sein Wirkungsfeld ist die vierte Lebensstufe, die Mitte der Sieben. Wir spürten in ihm ein ewiges, haarscharfes Mass, das nichts mit menschlichen Bewertungen zu tun hatte.
Waage und Schwert sind des «Messenden» Merkmale. Sein Schwert kann niederschlagen, um Verdorrtes und Unfruchtbares zu schneiden. Das Lebende aber beschützt es.
Unbeeinflussbares Wägen, Wahren des Gleichgewichtes zwischen Geschöpf und Schöpfer, zwischen Materie und

Geist, zwischen Himmel und Erde kennzeichnen sein Wirken.
Meist ist er unnahbar ferne, und seine unpersönliche Gerechtigkeit wirkt oft erschreckend. Hie und da, wenn der «Messende» durch Hanna sprach, überstrahlte eine übermenschliche, hehre Würde und Schönheit ihr Gesicht. Hanna empfand seine Intensität wie ein stahlblaues Lodern. Er hat aber auch einen beinahe menschlichen Aspekt. Er ist «Gärtner», und er liebt seine kleinen Pflänzlein. Hanna war ihm darin ähnlich. Sie hatte nie gegärtnert, fühlte aber im kleinen Garten in Budaliget sofort, wessen eine jede Pflanze bedurfte.

Als «Gärtner» kam uns der «Messende» Engel ganz nahe. Die Judenverfolgung erreichte im Jahre 1944 unvorstellbare Ausmasse. Das Netz des systematischen Menschenfanges wurde jeden Tag enger gezogen. Wir erfuhren von der Existenz der Gaskammern und waren niedergedrückt.
Das war nur allzu menschlich, aber das Erlösungswerk der Engel wurde durch diese Niedergeschlagenheit gefährdet, denn sie schlug uns wortwörtlich *nieder*, und in diesen dunkeln Niederungen wird der Kontakt mit den Engeln beinahe unmöglich.

Da geschah es, dass der strengste, der unnahbarste unserer Lehrer – der «Messende» Engel – in die Tiefe unseres menschlichen Leides – in unsere Depression – niederstieg und uns *anflehte*, uns aufzuraffen. Nicht nur wir Menschen kennen Pflichtenkollisionen und zerreissende Konflikte! Er sagte:

IN AUFRUHR IST MEINE SEELE ...   [265]

Des «Messenden» Aufgabe ist es, Unfruchtbares zu schneiden. Der «Gärtner» aber hofft noch auf das Spriessen der Fruchtknospen seines Baumes, des Lebensbaumes.

DIE VERSCHIEDENHEIT DER ENGEL

Da betete der «Gärtner» zu seinem Herrn um Geduld für uns:

NOCH EINEN TAG, HERR!
VIELLEICHT BRINGT DER BAUM DENNOCH FRUCHT.
ICH BIN DOCH GÄRTNER UND DER BAUM IST MIR LIEB.
[265]

Wir sahen tief erschüttert, dass der «Messende» nicht immer über allen Gefühlen erhaben ist, sondern ebenso wie wir tief leiden kann.

IN MEINER HAND DAS FEUERSCHWERT
UND ICH WEISS, DASS ICH NIEDERSCHLAGE,
SO *ER* DAS ZEICHEN GIBT,
DENN ICH BIN *SEIN* DIENER.
AUCH DES ENGELS DIENST IST SCHWER,
DENNOCH IST ER IMMER BEREIT, ZU DIENEN. [265]

Diese Worte zeigten mir erschreckend deutlich, dass unsere Niedergeschlagenheit das *ganze* Werk der Engel gefährdete und ihnen unsägliches Leid zufügte, indem wir in ihnen unerreichbare Niederungen abglitten.
Zweimal schon hatten unsere Lehrer uns gesagt, dass mit uns Versuche gemacht werden. Ein Versuch ist immer unsicher, aber indem wir uns der Wirkungssphäre der Engel entzogen, machten wir das Gelingen einfach unmöglich. Bedeutete unser Abgleiten schon das endgültige Misslingen? Sollten wir unfruchtbare Äste bleiben?
Da *bat* uns der strengste unserer Engel, uns aufzuraffen:

BLÜHET! ICH BITTE EUCH! [266]

Nachdem uns der «Messende» Engel verlassen hatte, sagte Hanna: «Wenn wir jetzt nachgeben, sind wir verloren. Weder die Erde noch der Himmel würde uns aufnehmen, sie würden uns ausspeien.»

Wir rafften uns auf und die nächste Begegnung war wie ein Jubel:

DER «MESSENDE» IST JETZT «GÄRTNER»
UND ES IST IHM ERLAUBT, EUCH ZU BESCHÜTZEN,
SO EURE SEELE SICH ÜBER ALLES ERHEBT. [276]

Dann wieder schien mir der messende Engel in unerreichbaren Weiten zu entschwinden, denn sein «Messen» hat nichts mit menschlichen Gefühlen zu tun.

Die grosse Welten-Waage ist erschreckend hehr und gerecht. Ich sah ihre Einwirkung in Hannas Leben, deren Aufgabe es ja ebenfalls war, das Gleichgewicht der Mitte zu wahren.
Hanna aber hatte einen schwachen Punkt: Ihre Fähigkeit des «Mit-Leidens». Da war sie verwundbar.
Ich wurde dessen gewahr, als einmal auf der Strasse ein Pferd von einem Auto verwundet wurde. Es war nicht arg, aber das Pferd blutete stark. Hanna verschwand. Später fand ich sie, ganz verstört, in einem Maisfeld versteckt.
Damals verstand ich, dass ihr Empfindungs-Diameter weiter reichte als bei den meisten Menschen. Sie war empfänglicher als wir für das Licht der Engel und im selben Masse war sie empfindlicher für das Leid der Menschen.
Gegen das Ende des Krieges erreichte es sein Maximum. Ich war besorgt um Hanna, wusste ich doch, dass sie jeden Weheruf in jeder Zelle ihres Körpers aufnahm und mitlitt.
In meiner Ängstlichkeit hatte ich jedoch nur mit meinen einseitig menschlichen Massen gemessen. Der Engel des göttli-

DIE VERSCHIEDENHEIT DER ENGEL

chen Messens aber kennt keine Einseitigkeit. Er gab Hanna das Gleichgewicht der Mitte:

SCHON WIRD DER BITTERE KELCH GEFÜLLT.
FÜRCHTET EUCH NICHT!
SO VOLL DER BITTERNIS,
SO VOLL IST ER AUCH DES GÖTTLICHEN TRANKS,
DER EWIGEN HEITERKEIT. [382]

In den bitteren Tagen des Endes waren die von Hanna vermittelten Engelworte von bisher nie erreichter Lichtkraft erfüllt.

III

OFT GESTELLTE FRAGEN

War Hanna ein Medium?

Wird mir diese Frage gestellt, so frage ich fast immer zurück: «Ja, was verstehen Sie unter 'Medium'?»
Die Antwort ist meist folgende: «Eine Person, die in Trance Botschaften aus dem Jenseits erhält.»
Hanna war nie in Trance oder Ekstase. Im Gegenteil, ihr Bewusstsein war während der Gespräche derartig wach, dass sie auf zwei Ebenen – auf der der sichtbaren Welt und ebenso auf der der unsichtbaren Welt – klar und simultan wahrnehmen konnte. Sie war sich ihrer eigenen Reaktionen, ihres Staunens, ihrer Überraschung, ihrer freudigen Zustimmung voll bewusst.
Gleichzeitig nahm sie auch die Gefühle unserer Meister wahr, die von einer ganz anderen Qualität als der unsrigen waren: ihre glühende Hilfsbereitschaft, ihre Empörung, ihre Freude und hie und da ein gewisses Widerstreben, in unser oft so trübes Lebenselement zu tauchen.

Hanna sah auch meine Reaktionen wie mit dem Auge der Engel, für die ich durchsichtig wie Glas bin.
Ein in Trance befindliches Medium nimmt die äussere Welt nicht oder nur dumpf wahr. Hanna beobachtete während der Gespräche mit offenen Augen ihre Umwelt.
Das Medium erhält passiv Botschaften. Hanna formte im ersten Teil der Gespräche aktiv den Sinn der Engelbotschaft in Worte unserer Sprache. Keine einzige ihrer Gesten war automatisch.
Die Lebensfunktionen des Mediums sind herabgemindert. Hannas waren erhöht und intensiviert, denn in der Gegen-

wart der Engel lebte sie in der «Mitte», in der Vollständigkeit ihrer Fähigkeiten. Sie erfüllte die Aufgabe, die an uns alle gestellt ist: die Welt des Geistes und die Welt der Materie *bewusst* zu verbinden.

Wenn man allgemein sagt, das Medium vermittle Botschaften aus dem Jenseits, so stellt sich überdies die Frage, was mit dem etwas vagen Begriff des «Jenseits» gemeint ist und *wer* die Botschaften sendet. Kann aber ein Medium, dessen Unterscheidungsvermögen eingeschläfert ist, das bewerkstelligen?

Wir können ja nicht ausschliessen, dass es sich dabei um dunkle *lebenssaugende* Wesenheiten handeln könnte und nicht um lichte *lebensspendende*. (A)*

Die Unterscheidung ist hier von grosser Wichtigkeit und nicht leicht zu treffen. Meinem Gefühl nach ist es nur die vollerwachte Bewusstheit eines Menschen, die zur diesbezüglichen Klarsicht befähigt.

Wachsen

Einmal fragte mich ein Journalist, ob ich das Wesentliche der Engelbotschaft genau formulieren könnte. Ich aber misstraue genauen Formulierungen, denn sie scheinen mir wie etwas Erstarrtes, und das Wesentliche der Engelbotschaft ist gerade das Gegenteil: es ist das *Bewegende,* sich ständig Ändernde. Auch in uns Menschen erweckt der Engel die schlummernde, schöpferische Fähigkeit, uns selbst immer wieder neu *überwachsen* zu können.

Spricht der Engel noch zu mir?

Eine immer wiederkehrende Frage ist diejenige, ob der Engel auch heute noch zu mir spricht.

Ja, er spricht zu mir, *wenn es nötig ist.* Ich werde hiervon noch oft berichten.

* Siehe Anmerkungen am Ende dieses Buches

Die Art aber, *wie* der Engel zu mir spricht, kann sehr verschieden sein: Durch ein inneres Wort, durch einen Traum, durch einen Sonnenstrahl, eine leise Melodie, durch hundert Einzelheiten des Alltags – aber immer wird ein numinoser Glanz sein «Ansprechen» begleiten.

Alles, was mit den Engeln in Beziehung ist, ist in ständiger Bewegung und Wandlung. Selbst die Erinnerungsbilder, die ich in diesem Buch beschreibe, sind nicht starr in der Vergangenheit begraben, sondern dynamisch gegenwärtig und wirkend. Was ich gestern beschrieb, könnte heute durch einen neu gegebenen Gesichtspunkt anders beschrieben werden. Deshalb scheint mein Bericht manchmal widersprechend.

Das Wesen der Engel ist in seiner Ganzheit dem menschlichen Geist unfassbar. Wir können nur Teilaspekte erfassen. Selbst Fassbares ist oft paradox, wie sollte also Unfassbares es nicht sein?
Der Verstand, der alles logisch klassifizieren möchte, macht halt, wo das intensiv vibrierende Leben des Engels beginnt. Bewusst oder unbewusst suchen wir alle nach dieser Lebensintensität. Dort spricht der Engel nicht mehr zu uns, alles Sprechen ist unnötig. Denn dort sind Frage und Antwort eins geworden.

Die Wissenschaft

Ich möchte noch eine weitere wichtige Frage erwähnen: «Ist die Lehre der Engel im Einklang mit dem Weltbild des modernen, wissenschaftlich geformten Menschen?»
Ich konnte auf diese Frage erst im Jahre 1979 antworten, als ich zum wissenschaftlichen Kongress «Science et Conscience» in Cordobà eingeladen wurde. Ich konnte mir anfangs nicht vorstellen, was ich unter Nobelpreisträgern und eminenten Wissenschaftlern zu tun habe. (B)

Umsonst antwortete ich den Organisatoren bei «France-Culture», dass ich nicht die geringste wissenschaftliche Ausbildung hätte. Man bestand auf meinem Kommen.
Als ich dann während der Sitzungen von den jüngsten Hypothesen der Physik, der Astrophysik und der Gehirnforschung hörte, ging mir ein Licht auf: der wissenschaftliche Organisator des Kongresses hatte «Die Antwort der Engel» gelesen und sie in mancher Hinsicht besser verstanden als ich selbst.
Ich hatte nämlich von den frappanten Parallelen der Engelworte mit den Perspektiven dieser Wissenschaften nicht die geringste Ahnung gehabt.
Jetzt erst verstand ich auch, warum der Engel Lili angeraten hatte, sich wissenschaftlich zu bilden, und er hatte ihr genau angegeben, wie der wahre Lehrer zu finden sei:

DIE WISSENSCHAFT IST DAS KIND DES VERWUNDERNS.
VERWUNDERUNG UND NEUGIERDE
SIND NICHT DASSELBE.
VIELE NEUGIERIGE GIBT ES …
DOCH ES GAB AUCH VERWUNDERTE.
SIE WAREN EBENFALLS BOTEN.
IN FERNER VERGANGENHEIT KANNST DU SIE FINDEN …
UND AUCH JETZT.
UND SIE KOMMEN! [53]

In diesem «Und sie kommen» war eine so triumphale Versicherung, dass es vielleicht dieses Wort der Engel war, das mich letztlich bewogen hatte, die Einladung der Wissenschaft anzunehmen. Ich bereute es nicht.
Zu meiner Überraschung fand ich die Zusammengehörigkeit von den «Boten der Wissenschaft» und dem Engel auf dem Plakat des Kongresses abgebildet: Auf einem Sternenhimmel hob sich auf der einen Seite das nachdenkliche Antlitz Einsteins, auf der gegenüber liegenden Seite das lächelnde Antlitz des Engels der Kathedrale von Reims ab. Beider Blicke wen-

deten sich dem gleichen Ziele zu.
Dieses Plakat faszinierte alle. In seiner Bildersprache kam ein neuer Zeitgeist zum Ausdruck: die Vereinigung der «verwunderten» Wissenschaftler mit dem inspirierenden Geist.

Sechsunddreissig Jahre zuvor hatte uns der Engel von dieser Einheit gesprochen, als Lili fragte, wie Religion und Wissenschaft eins werden könnten:

IM NEUEN LICHT WIRST DU ERKENNEN,
DASS SIE EINS SIND.
SO WIE MELODIE UND RHYTHMUS EINS SIND,
WAREN SIE SCHON IMMER EINS – EINS UND UNTRENNBAR.
JEDES GLIED DES GROSSEN ORCHESTERS SPIELT GESONDERT
ABER DIE SYMPHONIE IST EINS.
EINMAL FÜHRT DIE BASSGEIGE, EINMAL DIE GEIGE.
EINMAL DIE RELIGION, EINMAL DIE WISSENSCHAFT. [156]

In Cordobà spürte ich oft die Einheit des inspirierenden Genius mit der inspirierten Wissenschaft, die von alten, erstarrten Denkformen befreit, sich heute ganzheitlichen, dynamischen Denksystemen zuwendet.

Innere Bilder

Sehr oft werden mir Fragen über unsere religiöse Einstellung vor den Gesprächen gestellt.
Hanna war in einer aufgeklärten, eher traditionslosen Familie aufgewachsen und ich habe nie etwas davon gehört, dass sie je in einer Synagoge religiösen Feiern beigewohnt hätte.
Joseph entstammte demselben Milieu wie Hanna und hatte in seiner Jugend eine rein materialistische Einstellung gepflegt.
Von Lilis Familie hatte ich den Eindruck, dass Religiöses für sie überhaupt nicht existierte.

Dasselbe könnte ich auch von meiner Familie sagen. Ich war wohl getauft worden, aber dabei hatte es sein Bewenden. Ich verlebte meine Kindheit bis zu meinem vierzehnten Lebensjahre im Landhaus meines Grossvaters, wo ein Hauslehrer uns allgemeine Kenntnisse beibrachte. Von Religionsunterricht war aber keine Rede.

Hätte mir später, als ich schon in Budapest lebte, jemand gesagt, ich werde Engeln begegnen, so wäre meine Reaktion wahrscheinlich ein ironisch-ungläubiges Achselzucken gewesen. Was für ein Bild vom Engel trug ich damals in mir?

Es war vor allem kunstgeschichtlich geformt. Ich kannte z. B. die schönen Engelabbildungen aus der romanischen Periode und ihr langsames Degenerieren zu den faden Putti der Spätrenaissance. Gut bekannt waren mir die dickbäuchigen Engelchen, die, auf ebenso dickbäuchigen Wölkchen sitzend, so typisch für die österreichischen Barock- und Rokokokirchen sind. Schon als Kind fand ich sie kitschig und lächerlich. Es wäre mir nie in den Sinn gekommen, die Macht und Numinosität meines Meisters, der mich so streng belehrte, mit den herkömmlichen, süsslichen Engeldarstellungen zu assoziieren.

Als mein innerer Lehrer mir dann eines Tages die Geistes-Struktur erklärte und sich zum ersten Mal «Engel» nannte, hatte seine alles Schwächliche und Degenerierte hinwegfegende Kraft das alte Engel-Zerrbild längst vernichtet.

Die wichtigsten religiösen Bücher, die sich in unserem Budapester Atelier befanden, waren die Bibel, die Bhagavad-Gita, Lao-Tse und Meister Eckehard. Wir kannten weder die Ideen der Anthroposophen noch die anderer Geistesschulen.

Als mir nach dem Erscheinen des Buches *Die Antwort der Engel* Fragen aller Art gestellt wurden, bekundeten einige Leser ihr Erstaunen darüber, dass eine so grundlegend christliche Botschaft sich durch eine Jüdin mitgeteilt hatte.

OFT GESTELLTE FRAGEN

Meinem Gefühl nach ist die Botschaft der Engel grundlegend *menschlich*. Sie wendet sich an alle Menschen, die in ihrer Tiefe die Sehnsucht fühlen, sich mit der Quelle allen Lebens seelisch und körperlich zu verbinden.
Würde diese Botschaft sich ausschliesslich nur an die Gläubigen einer einzigen Konfession wenden, so wäre sie sicherlich einem von dieser Konfession geformten Menschen gegeben worden. Das ist aber nicht der Fall.

Sie wurde durch Hanna gegeben und geformt, die mir unbelastet von jeder Glaubensform schien. Sie war wie ein unbeschriebenes Blatt und konnte daher das Wort der Engel unbeeinflusst aufnehmen. Ich glaube, dass es gerade ihre Unbefangenheit, ihre Offenheit und ihre grosse Intuitionsfähigkeit waren, die sie zur Wurzel alles Religiösen – sei es jüdisch, christlich oder allgemein menschlich – eine Beziehung finden liess.
Die Worte der Engel quellen aus dem Urgrund des Religiösen hervor und sind durch keine Form gebunden. So sagte der Engel auch eines Tages:

FORMEN UND RELIGIONEN SIND NICHT UNSER WEG. [131]

Meinem Gefühl nach bediente sich der Engel uns gegenüber des religiösen Bilderschatzes des westlichen Menschen, um sich uns leichter verständlich zu machen. Diese Bilder aber wurden durch den Engel *neu belebt*.
Die Engel bezeugen nicht die *schon* erläuterte Bilderwelt einer Religion, sondern den Ur-Sinn der schöpferischen Bilder, die, in die Materie sickernd, Religionen formten und dann verschiedentlich interpretiert wurden.

Das scheint mir der Grund, warum das Wort der Engel oft Glauben im Ungläubigen und vertieften, geklärten Glauben im Gläubigen erweckt.

Dies ist mein persönliches Gefühl über den Ursprung der Engelworte und es liegt mir ferne, es jemandem aufdrängen zu wollen. Es scheint aber von vielen Menschen geteilt zu werden, denn ihre Briefe zeugen davon. Hier ein Beispiel: «Beim ersten Aufschlagen des Buches «Die Antwort der Engel» befürchtete ich, die Sicherheit meines Kindheitsglaubens, den ich als kleines Mädchen in der katholischen Schule erhielt, verlieren zu können. Gerade das Gegenteil geschah: Mein Glaube wurde vertieft und geläutert.» (C)

Der Engel ist die dem Menschen – jedem Menschen jeden Volkes – nächststehende geistige Wesenheit, ob er sich dessen bewusst ist oder nicht.
Es hat wenig Wichtigkeit, welche Etikette wir auf diese göttliche Kraft kleben wollen. Ein jeder kann sie seiner Erziehung oder Bevorzugung gemäss wählen: Deva nach der altindischen Tradition, Daena im alten Iran, Genius bei den antiken Griechen, Daimon bei Sokrates, Angelos oder Engel in der jüdisch-christlichen Tradition, oder aber ein Inhalt des Unbewussten gemäss der heutigen Psychologie. All das hat wenig Wichtigkeit.
Wichtig aber ist die *Wirkung* dieser Kraft auf unser Leben. Hilft sie uns, bewusster, freudiger, lichterfüllter, unabhängiger und verantwortlicher uns selbst und dem ganzen Universum gegenüber zu werden, so ist es eine göttliche Kraft.
Ich kann mir daher gut vorstellen, dass der inspirierende Genius, der innere «Guru», der Engel – wie immer er auch bezeichnet wird – eines östlichen Menschen sich ihm durch die religiöse Bilderwelt des Ostens verständlich macht.
Der Engel gibt diesen Bildern den dem *heutigen* Menschen entsprechenden neuen Sinn. Das Wesentliche sind ja nicht die Bilder selbst, sondern ob die ihnen innewohnende Kraft dem Menschen in seiner Wandlung zum ganzen MENSCHEN hilft oder nicht.

Vergleiche

Viele Fragen betreffen Vergleiche der *Antwort der Engel* mit Religionen oder den Mitteilungen inspirierter Menschen.
Es gibt Vergleiche, die uns die Universalität einer Idee fühlbar machen und uns daher *bereichern*. Es gibt aber auch Vergleiche, die uns *verarmen*.
Leider zeigen dies viele Briefe. Oft enthalten sie begeisterte Zustimmungen, aber bald bemerke ich, dass die Begeisterung nicht so sehr der Botschaft der Engel gilt, sondern der Bestätigung eigener Theorien durch ein Detail des Gelesenen.
Die Engelworte werden aus ihrem Kontext herausgerissen, auf alle Seiten hin untersucht, seziert und der eigenen Theorie angepasst.
So wird am Wesentlichen vorbeigegangen: Am *Erleben* neuer Möglichkeiten.
Die Worte der Engel bezwecken nie Gedankenakrobatik, nie intellektuelle Wissens-Akkumulation, sondern intensives, umwandelndes Erleben. Sie bestätigen keine Theorien, sondern wenden sich an jene, die ihren eigenen Weg suchen. Sie bilden keine endgültige Lehre. Sie sind ein immer anders gestalteter individueller Wegweiser, der nur individuell *erlebt* werden kann.
Mit leisem Vorwurf in der Stimme fragte mich einmal ein Leser, warum ich so interessante Themen wie theologische Rechtfertigungen, tiefenpsychologische Deutungen, und Vergleiche mit anderen religiösen Anschauungen nie erwähne.
Ist ein Kind zur Welt gekommen, so befasst sich niemand mit theoretischen Erklärungen und Rechtfertigungen seiner Geburt... es wird liebend gehütet und gepflegt, damit es zu etwas Neuem heranwachsen kann. Dies antwortete ich ihm.

OFT GESTELLTE FRAGEN

Jesus

Ein Freund, der das Manuskript dieses Buches durchlas, fragte erstaunt, warum so selten von Jesus die Rede sei, wo doch im Buch *Die Antwort der Engel* so oft Zeugnis von ihm abgelegt werde. Ich antwortete, dass dieses Manuskript seine Entstehung den vielen Fragen der Leser verdanke, dass aber nie Fragen über Jesus gestellt wurden.
Vielleicht sind die Worte der Engel über den MEISTER aller Meister, über den «Siebenten» – Jesus – so klar, dass sie keine Fragen erwecken. Trotz ihrer Klarheit berühren sie aber dennoch unerforschlich tiefe Mysterien, denn Jesus, der erste NEUE MENSCH, der auf der vierten Lebensstufe Himmel und Erde, Materie und Licht liebend in sich vereinte, ist so gross, dass wir ihn nicht sehen können:

IHR SEHT DEN SOHN, DOCH DEN *LICHT-SEIENDEN*,
DER KOMMT,
KÖNNT IHR NICHT SEHEN, NICHT FÜHLEN.
WAS IHR BIS JETZT ERHALTEN HABT,
IST FUNDAMENT, IST VORBEREITUNG... [379]

Ich kann kaum die Tragweite dieser *Vorbereitung* erfassen, denn sie ist die Allbezogenheit: «Alles ist in mir und ich bin in Allem», die Jesus verwirklichte.
Wie könnte also ich menschlich beschränktes Wesen auch nur ein einziges Wort dem der Engel hinzufügen, wenn sie in übermenschlicher Glut vom LICHT-SEIENDEN sprechen! Hier kann ich nur staunend schweigen.

IV

TUN, LASSEN UND GELASSENES TUN

Die Engel lehrten uns aktivstes Tun und gleichzeitig Losgelöstsein von allem Tun-Wollen.

Anfangs konnte ich mich nicht zurechtfinden, wie das richtige Mass zwischen Tun und Lassen zu finden sei.
Als Lili einmal fragte, ob sie in ihrem Beruf Hilfe erhalten werde oder alles selbst beginnen müsse, wies die Antwort auf die Wichtigkeit der eigenen Initiative hin:

WENN DU SELBST BEGINNST – ERHÄLTST DU HILFE. [24]

Dass aktives Tun aber nicht nur das sichtbare Wirken, sondern auch den inneren Wandlungsprozess miteinschliesst, erfuhren wir in der Woche zwischen den Gesprächen, die jeweils eine Zeit intensiver innerer Arbeit war.
Der Unterricht der Engel enthüllte immer neue Zusammenhänge, was natürlich auch stets neue Fragen erweckte. Aber auf bloss verstandesmässige Fragen erhielten wir keine Antworten. Unser ganzes Sein musste an der Frage teilnehmen, da nur maximale Intensität das Kommen einer Antwort ermöglichte.

Dies schien mir ein unumstössliches Gesetz zu sein, und im letzten persönlichen Gespräch wurde es mir mit Eindringlichkeit bestätigt:

TUN, LASSEN UND GELASSENES TUN

NUR AUF DEM GIPFEL DEINER FRAGEN
FINDEST DU ANTWORT.
ICH BIN DORT – ANTWORTEN KANN ICH NUR DORT.
GEH IMMER DEN WEG, DER AUFWÄRTS FÜHRT!
GLEITE NICHT AB UND BLEIB NICHT STEHEN!
WER STEHEN BLEIBT – STIRBT DEN ZWEITEN TOD.
DAS IST DIE LEHRE:
ALLES HAT SEINEN GIPFEL
UND DER GIPFEL IST DEIN PLATZ. [241]

Wir hatten im grösstmöglichen Feuer der Wandlung zu brennen, um im nächsten Gespräch zu noch hellerer Glut angefacht zu werden.
Nie hatte ich bewusst so aktiv gelebt wie zu dieser Zeit.

Es gibt aber einen Augenblick, wo das aktive Tun sich in sein Gegenteil, ins Lassen wandeln muss, soll die Flamme weiterbrennen.
Lili bekannte einmal, dass ihr Suchen nach Gott noch zu *gewollt* sei und da wies ihr Lehrer zum ersten Male auf das wahre Geschehenlassen hin:

ER IST ES, DER DICH SUCHT.
LASS DICH FINDEN! [35]

Als Lili begriff, dass das vertrauensvolle Aufgeben jeden Suchens die Vorbedingung zum Gefunden-Werden ist, seufzte sie auf: «Das ist das Schwerste!»

Das wahre Lassen war eines der schwersten Erfordernisse, die auch ich zu durchleben hatte.
Vor dem vierten Gespräch packte mich plötzlich der erschreckende Gedanke, dass ja schliesslich mein Engel auch *nicht* kommen könnte. Schon der Gedanke dieser Möglich-

keit genügte, dass der Boden unter meinen Füssen nachgab und ich in einen Abgrund tiefer Unsicherheit fiel.
Um drei Uhr warteten wir ungewöhnlich lange auf den Beginn des Gespräches. Das beunruhigte mich noch mehr. Endlich fühlte ich die Anwesenheit meines Meisters ... aber er blieb stumm.
Was hatte das zu bedeuten? Ich fragte mich: «Warum bleibt er stumm? Will er nicht mehr zu mir sprechen? Wird er nie mehr zu mir sprechen?»
Eine unsägliche Angst, ihn zu verlieren, erfasste mich. Alles, was mich an meinen Engel band, schien mir bedroht. Die wunderbare Möglichkeit, endlich statt eines faden Schein-Daseins ein wahres, brennendes Leben leben zu dürfen, die Möglichkeit steter Erneuerung, steter Wandlung, wie könnte ich eine Trennung davon ertragen? Es war ja mein Leben selbst!
Der Engel aber blieb weiterhin stumm.

Da wusste ich plötzlich, dass mein Loslösen von allem, was mich an den Engel *band,* die Vorbedingung für sein weiteres Kommen war. Ich musste dieses Lassen in diesem Augenblick und keinen Augenblick später durchleben.

Es war unendlich schwer. Es war mir, als ob ich mein eigenes Leben abschnitte. Als ich mich endlich vom letzten Anklammern losgelöst hatte, wurde ich wie zu einem Kind. Zu einem Kind, das dem VATER vertraut, dass genau *das* geschehen wird, was das Beste für es ist. Nur der VATER weiss es. Ich war ganz leer geworden, nur eines blieb mir: das Vertrauen.

Da ergriff der Engel endlich das Wort:

DIE ZEIT IST DA: *JETZT* DARFST DU FRAGEN. [20]

Durch sein Schweigen hatte mich mein Engel zum wahren Lassen geführt.

So hatte ich Tun und Lassen bewusst erlebt. Sie konnten nun verbunden werden zum gelassenen Tun.
Der Engel erklärte uns genau, was damit gemeint war:

NUR *ER* TUT.
WENN *ER* NIMMT – NUR DANN NEHMET!
WENN *ER* GIBT – NUR DANN GEBET!
SO WIRD DIE MATERIE DIENEN,
DENN DIE EINZIGE URSACHE JEDER TAT
IST *SEINE* HEILIGE ABSICHT.
TUT IHR OHNE *IHN*,
SO TRÜBT IHR NUR DIE MATERIE. [328]

Schleicht sich während einer Tat auch nur der leiseste Gedanke ein, dass «ich es tue», so wird die Materie von der ich-getrübten Absicht ebenfalls getrübt.
Vergesse ich mich aber in einer Tat, so kann *SEINE* heilige Absicht durch mich in der Materie wirken und dadurch wird sie klar, geklärt, verklärt.
Sie wird zur neuen Materie, zur Licht-Materie.

Gelassenes Tun ist selbstvergessen. Nur so bringt es Frucht:

FRUCHT BRINGT DIE SCHÖPFUNG:
GREIFBARES LICHT – LICHTSTRAHLENDE MATERIE. [386]

V

DAS BUCH UND SEINE LESER

Beinahe alle Briefe, die ich von Lesern der Engelbotschaft erhalte, beginnen mit: «Ich bin vom Worte der Engel tief berührt...» und dann folgt oft die Frage, wie sie mit *ihrem eigenen* Engel in Berührung kommen könnten. Die wenigsten nehmen wahr, dass sie ja genau in dem Moment, als sie sich «tief berührt fühlten», mit ihrem Engel in Berührung gekommen sind.

Niemand berührt sie von aussen. Etwas ist innen lebendig geworden. Etwas Eigenes berührte sie dort, wo ihr inneres Wachstum es nötig hatte. Wachstum aber bedeutet ständige Veränderung. So wird ein immer *anderes* Engelwort sie «ansprechen», sie berühren.

Hie und da vermittelt das Wort der Engel auch ein eigenartiges Erinnern, man scheint es schon zu kennen, obwohl man es zum ersten Mal liest.
Ein anderes Mal kann ein Wort lange nachklingen und ganze Serien von Zusammenhängen bewusst machen; dies ist immer ein Erwachen *in uns* selbst und *zu uns* selbst.

Nicht alle Menschen sind bereit dazu.

SIE LERNTEN... UND DENNOCH VERSTEHEN SIE NICHT.
SIE LERNTEN NICHT... UND DENNOCH VERSTEHEN SIE. [129]

Was ist damit gemeint? Meinem Gefühl nach ist ein gewisser Grad an innerer Offenheit nötig, um das Wort der Engel verstehen und leben zu können.
Diese Offenheit ist nicht von der «Gelehrsamkeit», der Ausbildung und der Schulung im Denken abhängig, sondern ist das Resultat des inneren Durstes und die Bereitschaft, Durststillendes zu empfangen.
Wen das Buch nicht anspricht, der hat recht, es beiseite zu legen, denn so manchem ist der Trank der Engel zu stark. Wer dieses Buch liest, kann nicht umhin, sich seiner Verantwortung bewusst zu werden, und das ist oft noch zu schwer zu ertragen, meist aber auch zu «unbequem».

Ich erwähnte schon, dass viele der Leserbriefe mit dem Satz: «Ich bin vom Worte der Engel tief berührt ...» beginnen. Die meisten der Briefe enden nun mit dem Wunsch, mir zu begegnen. Diese Leser ahnen nicht, dass, würde ich ihren Wunsch erfüllen, gerade das verhindert würde, was sie sich in der Tiefe ihrer Seele eigentlich wünschen: Die Begegnung mit ihrem eigenen Engel.
Die gelesenen und aufgenommenen Engelworte haben eine eigentümliche Wirkung. Sie machen den Leser für die Gegenwart ihres *eigenen* Engels empfänglich. So kann die Annäherung des Menschen zu seinem «lichterfüllten Vor-Bilde», zu seinem Beschützer, und gleichzeitig die Annäherung des Engels zu seinem «dichteren Ebenbilde», zu seinem Schützling, beginnen.

Dieses individuelle Geschehen ist so intim, zart und heilig, dass niemand das Recht hat, sich von aussen hineinzumischen.

In meinen Antwortschreiben trachtete ich immer danach, den Leser dieser unantastbar intimen Möglichkeit bewusst

zu machen. Daraufhin erhielt ich noch nie enttäuschte Briefe wegen meines Ablehnens von Besuchern.
Wieder andere Leser wollten sich überzeugen, dass ich durch die Begegnung mit den Engeln ein «ausserordentlicher» Mensch wurde. Das wäre ein Beweis für die Wahrheit des Dokumentes.
Ich verstehe ja, dass wir in einer Zeit leben, wo die Seelen austrocknen, da die einst so belebenden Mythen der Religionen heute «unmodern» geworden sind. In vielen, die vom Engel-Erlebnis lesen, beginnt der tief vergrabene Mythos des grossen, unsichtbaren Helfers zu erwachen und mit ihm die Hoffnung, in dieser so bedrohten, komplizierten Welt den Sinn ihres Lebens zu finden.

Die mögliche Existenz des Engels ist aber dem rationalen, begreifen-wollenden Verstand ein so fremder und ungewohnter Begriff, dass er einen «Beweis», eine Vergewisserung verlangt. Manche Leser fragen sich daher: «Kann das wahr sein? Ist das nicht eine neue Illusion? Ich will einen Zeugen dieses Geschehens sehen! Ist er ein aussergewöhnlicher Mensch geworden, so ist das ein gültiger Beweis.»
Man würde in mir nur einen ganz einfachen Menschen finden, dem die Engel nicht die geringste «ausserordentliche» Gabe verliehen hatten.
Wer die Wahrheit der Engelworte nicht spontan fühlt, den wird auch meine greifbare, körperliche Gegenwart nicht davon überzeugen. Ausserdem liegt es mir ferne, überzeugen zu wollen. Aber ich verstehe, dass Menschen das Wunderbare, das Aussergewöhnliche suchen, um glauben zu können, und es von einer aussenstehenden Person erwarten.
Statt das wahre Wunder der Begegnung mit ihrem Engel in der eigenen Tiefe zu erfahren, projizieren sie es auf eine äussere Person, und ihre besten Energien sind vergeudet.

Die erste englische Übersetzerin des Engelbuches war eine erfrischende Ausnahme. Sie sagte sich: «Bevor ich die Arbeit beginne, will ich Gitta sehen. Ist sie ein «aussergewöhnlicher» Mensch geworden, so ist *alles* falsch.»
Und sie fand einen ganz einfachen Menschen, der sich mit viel Humor gegen alle auf sie gerichteten Projektionen des «Aussergewöhnlichen» verteidigte, und die sich ebenso irren kann wie jeder andere. Darauf begann sie ihre Übersetzungsarbeit mit Begeisterung.

Zum Schluss möchte ich noch etwas ganz klarstellen. Es sprechen mich nämlich viele Leser und Leserinnen als *Autorin* der Engelbotschaft an: Ich habe die «Antwort der Engel» nicht *geschrieben*. Ich habe sie nur *mit-geschrieben*. Das ist ein Himmel-Erde Unterschied.

VI

WECHSELWIRKUNGEN

Ich entdeckte bei jeder Begegnung mit dem Engel eine neue, völlig unbekannte Seite seines Wesens, die oft anderen, schon bekannten, zu widersprechen schien. Als der Engel öfters betonte, ich sei sein «dichteres Ebenbild», fühlte ich ihn als das mir nächste Wesen der ganzen Schöpfung. Durch meine «mögliche» Ähnlichkeit mit ihm entstand eine unzertrennliche Verbundenheit.

Dann wieder schien er in weltweiter Ferne. Zum Beispiel damals, als Lili fragte, was die Seele sei. Ihr Meister aber fragte zurück, was sie als Seele ahne, und Lili sagte recht unsicher und zögernd: «... das Hohe in uns, das nicht Körperliche.»
Darauf entgegnete der Engel:

ALLES IST KÖRPER
WAS DIR UNFASSBARE SEELE IST –
IST MIR DICHTE WAND.   [90]

Das uns Unfassbare ist dem Engel eine dichte Wand!
Welche Welten trennen unsere Wahrnehmungsfähigkeit von der seinen!
Das Wesen der Engel ist deshalb oft erschreckend. Ich fühlte dies, wenn sich für einen Augenblick lang die dichte Nebelwand, hinter der ich lebe, öffnete und eine unermesslich weite Perspektive sichtbar wurde.
Das Wort: «Alles ist Körper» öffnete mir eine solche neue Sicht. Ein starres Bild zerbrach in mir, das Bild der Geschiedenheit von Seele und Körper. Mir schien nun, als ob alles Lebende,

vom Stein bis zu den Sphären des Geistes, nur ein *einziges* Leben sei, das aber in verschiedener Intensität vibriert. Später erklärte uns der Engel, dass diese Schwingungen noch nicht *bewusst* zu einem ineinanderfliessenden Ganzen geeint seien. Das aber sei die Aufgabe des neuen MENSCHEN.
Den Begriff von diesem «Neuen Menschen» konnte ich noch nicht recht erfassen. Lili fragte einmal, wie sie richtige Menschenkenntnis erlangen könnte, und ihr Meister antwortete:

MENSCHENKENNTNIS?
ES GIBT SIE NOCH NICHT,
DENN ES GIBT DEN *MENSCHEN* NOCH NICHT.
DER *MENSCH* IST SO GROSS,
DASS SELBST ICH IHN NICHT SEHE. [84]

Wie sollte ich verstehen, dass der Engel den MENSCHEN, der in der Mitte Himmel und Erde vereinen wird, nicht sieht? Dann aber sagte ich mir, dass vielleicht der Blickwinkel des Engels der Materie gegenüber ähnlich eingeengt ist, wie der unsere in bezug auf die Welt des Geistes.
Wird der Engel – einst mit mir vereint – durch mich die Formenwelt der Materie sehen, so wie ich – durch meine Vereinigung mit ihm – Klarsicht im Geiste erlangen werde?
Als der Engel einmal sagte, er könne die Blumen dieser Erde nicht sehen, aber er sehe meine Festeserwartung, fragte ich mich, ob er nur das Formgebende und nicht das später in der Materie Geformte sieht. Sehnt sich der Engel danach, durch mich der irdischen Formen bewusst zu werden, so wie ich mich danach sehne, durch ihn des Geistes bewusst zu werden?

Ich kann zu dieser Frage letztlich nichts Gültiges sagen. Ich weiss nur, dass Mensch und Engel aneinander ganz werden und dass sie zutiefst zusammengehören.

Einmal wurde mir fast schockartig bewusst, dass wir, obwohl wir noch nicht vereint sind, dennoch bereits unter dem Gesetz unauflöslicher Einheit stehen.
Als der Schrecken der Judenverfolgung über uns hereinbrach und unsere Niedergeschlagenheit – wie schon erwähnt – den Kontakt mit unseren Lehrern erschwerte, offenbarte uns der Engel dieses übermenschlich harte Gesetz:

MIT EUCH VERDERBEN WIR
ODER MIT EUCH LÄUTERN WIR UNS,
DENN UNSER WEG WARD EINS. [257]

Ich erschrak tief. Der Engel könnte «verderben»? Und das könnte von meinen Taten abhängen?
Ich war unfähig, das Ausmass dieser wechselseitigen Abhängigkeit zu erfassen. Selten aber hat mich ein Wort der Engel so tief erschüttert wie dieses.
Selten auch hat mir etwas ein so schwerwiegendes Verantwortungsgefühl auferlegt: Ich bin für das Schicksal meines Engels ebenso verantwortlich wie für mein eigenes! In der Tiefe meines Gemütes fühlte ich ein herzbeklemmendes Grauen vor der unausweichlichen Tatsache, dass jede meiner Taten auch das Sein und Werden meines Engels beeinflusst.

JEDE DEINER TATEN TUST DU AN MEINER STATT.
GIB ACHT! VERUNSTALTE MICH NICHT! [47]

Ich begann zu ahnen, dass das Schicksal des Menschen, der seinen Engel nicht erreicht, der sich seiner ständigen Anwesenheit nicht bewusst wird, ebenso tragisch ist, wie das Schicksal des Engels, der seinen Schützling nicht erreichen kann, da sich dieser ihm verwehrt. Es wurde uns ja gesagt, dass das Einswerden *beider* Bestimmung und Schicksalserfüllung ist.

WECHSELWIRKUNGEN

Ich habe im Laufe der Zeit erfahren, dass der Engel immer bereit ist, sich zum Menschen niederzuneigen.
Der Mensch aber ist viel seltener bereit, den Engel zu empfangen.

Während eines Vortrages fragte eine Zuhörerin einmal etwas besorgt: «Erhält man immer wieder eine Chance, sich mit dem Engel zu verbinden, wenn man ihn einmal verpasst hat?» Ich antwortete ihr, dass der Engel uns bis zum letzten Atemzug immer neue «Chancen» gebe: «Sie hatten diese Chance schon jetzt. Es war ja ihr eigener Engel, der Sie des Verpassens bewusst machte. Also *sind* Sie ihm begegnet.»

Die wechselseitige Aufgabe von Mensch und Engel wurde durch folgende Worte noch klarer:

BITTET IHR UM UNSER WORT UND KÖNNEN WIR ES GEBEN,
SO IST DAS *UNSERE* ERLÖSUNG.
BITTEN WIR UM EURE HAND,*
SO IST DAS *EURE* ERLÖSUNG. [304]

Ich begriff nun, dass die Erlösung der Erde ebenso die Erlösung des Himmels ist. An diesem Erlösungswerke sind die Menschen und die dem Menschen nächsten Engel beteiligt. Sie stehen auf der *untersten* Stufe der geistigen Wesenheiten und ihnen ist die Möglichkeit gegeben, sich der *höchsten* Stufe des Menschseins zu einen.

Einst wurden sie «Schutzengel» genannt und waren in der katholischen Kirche anerkannt. Jetzt aber sind sie «unmodern» geworden. Ihre mögliche Gegenwart ruft Verlegenheit hervor und so vertuscht man sie. Man meint, den Mythos des Schutzengels in die Schublade der Vergangenheit gesperrt zu

---
* Hier bedeutet das Wort «Hand» die Tat des Menschen.

haben. Der Engel aber bricht in seiner Urkraft ohne dogmatische Belastung und Deformierung in den Seelen derer hervor, die Durst leiden.

Der Engel wird geläutert, wenn er durch uns die Materie erreicht. So wird der Himmel erlöst. Wir werden geläutert, wenn wir durch den Engel das Göttliche erreichen. So wird die Erde erlöst.

Das ist die Aufgabe des neuen MENSCHEN:

DER ERLÖSER IST NICHT EIN MENSCH –
SONDERN *DER MENSCH*. [108]

In diesem MENSCHEN wirken die formgebenden, schöpferischen und geistigen Kräfte harmonisch vereint mit den instinktiven, natürlichen und körperlichen Kräften, denn sie sind zu einem Ganzen geworden.

VII

DIE PÄDAGOGIK DER ENGEL

Wesentlich an der Pädagogik der Engel war, dass sie uns an ihrem Leben *teilnehmen* liessen.

DIE GNADE, DIE WIR GEBEN
IST DAS LEBEN, DAS WIR LEBEN. [258]

Jedem Pädagogen ist bekannt, dass nicht das, was man den Schülern *sagt,* sondern das, was man *lebt,* formend wirkt.
Im gleichen Sinne liessen uns die Engel ihr Leben miterleben. Die Engel gaben sich uns ganz, aber wir konnten nur soviel vom Wesen der Engel wahrnehmen, wie unser Bewusstsein jeweils fähig war, aufzunehmen.
So setzten nicht die Engel unserer Teilnahme an ihrem Leben Grenzen, sondern unsere Fähigkeit, die Schwingungen ihrer Intensität zu ertragen.
Bald wurde uns bewusst, dass nur das mit unserem ganzen Sein Gelebte uns dem Engel nähert und uns selbst und somit auch andere umwandelt.
Theorien und Philosophien sind dessen unfähig. Das habe ich mir gut gemerkt. Deshalb erzähle ich auch nur das, was ich in der Gegenwart der Engel *erlebte* und wie das Erlebte meinen Alltag wandelte.
Als der Engel zum ersten Mal zu mir sprach, zeichnete sich durch sein helles Licht mit unbarmherziger Deutlichkeit mein Schatten ab. Des Engels erste pädagogische Tätigkeit bestand *allein* in diesem Beleuchten, das kein Ausweichen vor dem Erkennen meiner negativen Seiten zuliess. Und das bedeutete den Beginn einer langen inneren Wandlung.

DIE PÄDAGOGIK DER ENGEL

Für die Engel sind wir durchsichtig wie Glas. Als ich mich mehrmals so klar durchschaut fühlte, meinte ich, es sei eigentlich überflüssig, Fragen zu stellen, da der Engel ja im voraus alles in mir lese, was ich fragen wolle. Ich hatte mich gründlich geirrt. Der Engel zeigte mir, worin:

VOM HERZEN BIS ZUM MUND IST EINE HANDSPANNE.
GEHE DEN WEG! [22]

Diese Antwort gab mir zu verstehen, dass sich die Fragen im Herzen noch auf einer diffusen, gefühlsbedingten und unartikulierten Stufe befinden. Wenn ich in Worte fassen muss, was ich fühle, so leiste ich eine Art Bewusstwerdungsarbeit, indem ich nach jenen Ausdrücken suche, die meine Gefühle am besten übermitteln können.

Ausserdem merkte ich, dass ich die Wichtigkeit des Körperlichen ausser Sicht gelassen hatte. Nicht nur das Gemüt, sondern ebenso der Körper, jede Zelle der Kehle, der Stimmbänder, der Ton der Stimme und das ausgesprochene Wort sollen teilnehmen. Der *ganze* Mensch soll die Frage stellen.

Die Pädagogik der Engel liess nicht die geringste Fehleinstellung unbeachtet. Nichts rutschte durch.
Alles hatte für sie seinen angemessenen Platz. Als ich einmal von vermeintlich ethischen Höhen herab Urteile über mein kleines «Ich» fällte, kam eine strenge Zurechtweisung:

DAS KLEINE «ICH» IST DEIN GRÖSSTER SCHATZ.
WELCHES WUNDER, DIE PERSON!
SEIT ENDLOSEN ZEITEN WIRD SIE GESTALTET
UND DU – TÖRICHTES KIND – VERACHTEST SIE!
ER FORMTE SIE FOR DICH SEIT URBEGINN DER ZEITEN.
[102]

DIE PÄDAGOGIK DER ENGEL

Meine falschen Begriffe in bezug aufs Körperliche wurden ebenfalls gewandelt. Ich war in einer der Religion gegenüber indifferenten Familie aufgewachsen und musste nun feststellen, wie sehr ich trotzdem vom Zeitgeist, der Körperliches als minderwertig betrachtete, kontaminiert war. Der Rennsport hatte auch dazu beigetragen, denn Wettschwimmen bedeutet nicht etwa, seinen Körper zu pflegen, sondern ihn zu seinem Maximum zu *zwingen*.

Die Engel aber gaben uns eine neue Perspektive:

DER KÖRPER IST EIN WINZIGES SPIEGELBILD
DES UNENDLICHEN.
JEDES DEINER ORGANE IST HEILIG. [131]

Die Weiten, die sich damit auftaten, waren beinahe schwindelerregend: Wir *können* durch unseren kleinen und verweslichen Körper in Kontakt mit dem Universum treten und dies fühlbarer und greifbarer als mit dem Intellekt.

Die Pädagogik der Engel ist oft verblüffend. Sie bedarf selbst keiner Worte. Die stumme, aber fühlbare Anwesenheit des Engels genügt, um uns einer falschen Einstellung bewusst zu machen.
Dazu ein Beispiel: Ich war ein ungebärdiges Kind, Rädelsführer in allen Streichen auch der Buben. Ich war überall dabei. Wenn aber jemand an meine Gefühlswelt rührte, wurde ich verschlossen. Das war *meine* Welt, niemand hatte dazu Einlass. Und das änderte sich auch im Laufe der Jahre nicht.
Meine Familie erfuhr zum Beispiel erst dreiunddreissig Jahre später von meinem Engelerlebnis. Das war, als es unvermeidlich wurde, da das französische Buch erschien. Aber damit greife ich vor.

DIE PÄDAGOGIK DER ENGEL

Als ich mich fünfzehn Jahre nach den Gesprächen in Paris niederliess, wusste ich wohl, dass die Zeit gekommen war, das Erlebnis mit den Engeln zu veröffentlichen.
Aber ich wollte *nur* die Worte der Engel preisgeben und alles so «Unwichtige» wie meine persönlichen Reaktionen verschweigen. Die Abneigung, meine Gefühlswelt zu exponieren, war so stark, dass ich in der ersten Fassung des Textes statt unserer Namen nur anonyme Anfangsbuchstaben setzte.
Ich arbeitete eben an diesem «Reinemachen vom Persönlichen», als ich plötzlich die Gegenwart meines Engels spürte. Er war da, hinter mir, und ich erriet ein leicht ironisches Lächeln, das mir zu sagen schien:
«Hast du noch immer nichts verstanden? Ist der *empfangende* Mensch nicht ebenso wichtig wie der *gebende* Engel?»

Ich war beschämt. Wo war mein vermeintliches Gleichgewicht zwischen Persönlichem und Überpersönlichem, zwischen Erde und Himmel? Es war nur theoretisch!

Ich musste also das ganze Buch neu schreiben und das Menschliche mit derselben Hingabe preisgeben, wie das Übermenschliche, das wir erlebt hatten.
Es bedurfte aber langer Arbeit an mir selbst, bis ich dessen fähig wurde, und selbst heute fällt es mir nicht leicht, persönliche Erlebnisse zu veröffentlichen.
Aber durch ein leicht spöttisches Lächeln des Engels wurde mir meine seit der Kindheit andauernde starrköpfige Verschlossenheit bewusst und auch aufgelöst.

Manchmal schien mir die Pädagogik des Engels widerspruchsvoll. Er hatte mir erklärt, dass unser Einswerden seine und meine gemeinsame Aufgabe sei.

DIE PÄDAGOGIK DER ENGEL

Wenn ich nun aber zum Einswerden mit meinem Engel bestimmt bin, warum war dann seine erste Forderung die völlige Unabhängigkeit von ihm?
Als ich mich vertrauensvoll und anlehnungsbedürftig seiner ständigen Hilfe und Gegenwart versichern wollte, fragte ich, wie ich *immer* seine Stimme hören könnte. Der Tonfall der Antwort war verachtungsvoll:

DANN WÄRST DU NUR EINE *MARIONETTE!*
DANN WÄRST DU NICHT SELBSTÄNDIG! [16]

Von da an musste ich selbst meinem Engel gegenüber die Selbständigkeit wahren. Ich konnte ihn annehmen oder ablehnen. Ich musste mich auf mein eigenes Risiko hin formen. Ich erfuhr, wie jedes «Sich-auf-andere-verlassen», jede Abhängigkeit, meine eigene Entschlussfähigkeit vermindert und mich am Bewusstwerden meiner eigenen Individualität und meiner Kraft hindert.

Lili wurde die Hilfe zur Selbständigkeit einmal deutlich erklärt:

DER HELFER IST BRÜCKE
ZWISCHEN DEM HILFE-EMPFANGENDEN
UND DEM EWIGEN HELFER –
DOCH NUR SOLANGE ES NÖTIG IST. [99]

Mit Erstaunen sah ich, wie die so kurze Bemerkung «solange es nötig ist» auf eine wesentliche Gefahr des Helfens und Erziehens hinweist: auf die *zu lange* dauernde Hilfe, welche die Selbständigkeit untergräbt, Abhängigkeiten schafft und den Hilfe-Empfangenden daran hindert, seine eigenen Kräfte zu entwickeln.

Nur unabhängig von meinem Vorbild, meinem Engel, konnte ich seiner würdig werden, nur so ist Einswerden in Freiheit möglich. Ich musste mir also meiner Menschenwürde bewusst werden und mich zu einem ebenbürtigen Partner des Engels formen. Ebenbürtig in welchem Sinne? Im Sinne des Gleichgewichtes zwischen Erde und Himmel.
Wenn wir uns in einer Schale der grossen Welten-Waage den Menschen vorstellen, in der anderen den Engel, so sehen wir, dass ihr Einswerden nur dann möglich ist, wenn sich die Waage im Gleichgewicht befindet.

DURCH UNS ERSCHAFFT DER SCHÖPFER
EWIG SEINEN PLAN.
DOCH OHNE EUCH WIRD NICHTS. [281]

Ein anderes Kennzeichen der Pädagogik der Engel ist, dass sie uns befähigten, Negatives in Positives zu wandeln.
Ich reagierte z. B. auf Kritik meistens in negativer Weise. Entweder ärgerte ich mich, oder ich wurde bedrückt. Deshalb sagte mir diesbezüglich mein Engel:

KOMMT VON WO UND VON WEM AUCH IMMER EINE KRITIK,
SO IST DAS NICHT ZEICHEN DEINES UNVERMÖGENS,
SONDERN DEINES VERMÖGENS.
JEDE KRITIK ERHEBE DICH!
WER BITTET DEN ELENDEN? DEN UNVERMÖGENDEN?
WER PFLÜCKT FEIGEN VON DER DISTEL?
DER FEIGENBAUM ABER WIRD GESCHÜTTELT,
DENN VON IHM WERDEN FEIGEN ERWARTET. [224]

Danach waren meine Reaktionen nicht mehr negativ. Das Wort des Engels hatte sich so tief in mir eingeprägt, dass ich mir bei jeder folgenden Kritik spontan sagte: «... Das weist ja auf eine positive Fähigkeit in mir hin, die ich einfach vernachlässigt habe.»

DIE PÄDAGOGIK DER ENGEL

Ja, mit der Zeit wurde ich «Kritik-süchtig», denn ich hatte bemerkt, wie sehr sie – offen angenommen – mein Reifwerden beschleunigen kann.

Wir erlitten im Jahre des Un-Heils 1943–44 aussichtslos finstere Tage. Niedergeschlagenheit und Jammern waren die allgemeinen Reaktionen darauf, und das verdunkelte die Seelen noch mehr. Aber auch hier lehrten unsere Engel die positive Tat.

WER KANN GEGEN DIE FINSTERNIS KÄMPFEN? – DAS LICHT!
UND WER SIEGT? – DAS LICHT!
NIMM NICHT AN DER FINSTERNIS TEIL,
DOCH GIB DAS LICHT IMMER UND JEDERZEIT! [133]

Diese Worte hatten eine ausserordentliche Wirkung auf mich. Sie gaben mir das innere Gleichgewicht zu den äusseren Greueln des Krieges.

Immer wieder wiesen die Engel auf die Kraft des Positiven hin, selbst wenn sie von der Krankheit sprachen:

KÄMPFE NICHT GEGEN DIE KRANKHEIT!
STÄRKE DIE GESUNDHEIT!
DAS IST NICHT DASSELBE.
VERBESSERE NICHT DAS SCHLECHTE – STÄRKE DAS GUTE!
DAS IST UNSER KRIEG. [139]

Als Lilis Engel über ihre Kurse sprach, machte er sie auf das Positive des Lobes aufmerksam:

ICH SAGE DIR NOCH EINES: LOBE!
LOBE IN JEDEM, WAS ZU LOBEN IST!
WAHRES LOB BAUT AUF... WUNDER WIRST DU ERLEBEN.

DIE PÄDAGOGIK DER ENGEL

ABER BESCHÖNIGE NIE
UND LÜGE NIE AUS GUTER ABSICHT! [139]

Um uns zu einem nächsten Schritt in unserer Entwicklung zu ermutigen, kam uns der Engel nicht entgegen – im Gegenteil – er wich zurück:

WÜRDE ICH MICH DIR NÄHERN – SO BLIEBEST DU STEHEN.
ICH ABER WEICHE ZURÜCK.
DU BEMERKST ES NICHT UND LERNST SO,
AUF DER LUFT ZU SCHREITEN.
NICHT AUF DEM WASSER – AUF DEM NICHTS. [194]

Der Engel hielt uns nicht die Hand – waren wir unsicher, so gab er uns einen kleinen Stoss.
Der Engel erweckte ungeahnte Kräfte in uns – aber gab gleichzeitig die Verantwortung dafür.
Der Engel gab nicht Lösungen – er stellte vor Proben.
Der Engel gab nicht Ratschläge – sondern Entdeckungslust.
Der Engel gab nicht fertiges Wissen – er erweckte immer neue Fragen.
Gab er eine Antwort – so lag es an uns, sie zu vervollständigen.

ICH GEBE IMMER NUR DIE EINE HÄLFTE DER ANTWORT.
DIE ANDERE HÄLFTE BLEIBT AUS. [194]

Der Engel kaute nie die Nahrung vor – er gab «Appetit».
Der Engel gab nie Sattheit – aber Hunger.
Wir hatten selbst unser Wachstum zu fördern, unser Bewusstsein zu erweitern. Taten wir es, so erhielten wir neue, stimulierende Nahrung.
Trotzdem gab es keine strikte Regel – alles konnte sich in sein Gegenteil kehren, wenn es unser Wachstum eben erforderte,

denn die Pädagogik der Engel erzielt nicht «Erziehung», sondern nie endende innere Wandlung.

VII

DIE LIEBE ZUM NATURHAFTEN

Es klingt vielleicht erstaunlich, wenn ich behaupte, von den Engeln in erster Linie viel über den Körper gelernt zu haben, den ich zu Beginn der Gespräche noch etwas geringschätzig behandelt hatte.

Unser Begriff und unsere Bewertung des Körperlichen änderte sich unter dem Einfluss der Engel radikal.
Die Liebe zum Naturhaften strahlt durch jedes ihrer Worte.

Seit annähernd zwei Jahrtausenden ist im christlichen Menschen die irdische Lebensfreude – die Lebenslust – oft zu einem beinahe sündhaften Begriff herabgemindert worden. Uns aber sagten die Engel unmissverständlich klar, dass die irdische Lebenslust die *unerlässliche* Vorbedingung der Inkarnation des Göttlichen im Erdenmenschen ist.
Sie wählten dazu naturhafte Bilder, die keinen Zweifel zulassen, dass selbst der göttliche Pfropfer verdorrte Äste *nicht* propfen kann.

WAS DER SAFT FÜR DIE PFLANZE –
IST FÜR DEN MENSCHEN DIE LEBENSLUST.
SEID IMMER VOLLER LEBENSLUST!
DER SAFT KOMMT VON UNTEN – DIE LEBENSLUST AUCH.
NUR SAFTVOLLE ÄSTE WERDEN GEPFROPFT –
VERDORRTE NICHT.
WIR WISSEN NICHT, WANN DER «PFROPFER» KOMMT.
IHR, DIE ÄSTE... WIR, DIE PFROPFREISER
LASST UNS BEREIT SEIN! [201]

DIE LIEBE ZUM NATURHAFTEN

So sah ich, dass ohne den Saft der Lebenslust das neue göttliche Reis nicht in uns eingepfropft werden und daher auch nie wachsen kann.

Die grosse Frage nach Leben und Tod wurde mit einem erdhaften und einfachen Bild so anschaulich beantwortet, dass alle Angst und Unsicherheit verschwand, als der Lehrer Lilis über ihren nahen Tod sprach:

DER KEIM IST DER TOD DES SAMENKORNS.
DIE KLEINEN LEBEWESEN, DIE *UNTER* DER ERDE WOHNEN,
SEHEN NUR DEN TOD,
DENN SIE SEHEN DEN KEIM NICHT,
DER *ÜBER* DER ERDE IST.

FÜRCHTE DICH NICHT VOR DEM TOD!
ES GIBT KEINEN TOD. [137]

Nie fühlte ich klarer, dass das Sterben einer Seinsweise mit dem Beginn eines neuen Seins aufs Engste verbunden ist.

Als die Engelgespräche erstmals in Buchform erschienen, erhielt ich viele Briefe. Am meisten freute mich ein lakonisches Schreiben. Nichts anderes stand darin als nur die Wiederholung: «Der Keim ist der Tod des Samenkorns – danke!» Dass jemand einen Brief sandte, um nur das einzige Wort «danke!» zu sagen, fand ich so einfach, wahr und tief, dass ich mich darüber – so scheint es mir – *mit* den Engeln freute.

Immer wieder war ich entzückt über die Wichtigkeit, die die Engel den natürlichen, körperlichen Funktionen zumassen. Jahrtausendelang wurden in vielen Religionen das Fasten, die körperliche Askese und Abtötung sowie das Zölibat als wirksame Mittel für die geistige Entwicklung betrachtet. Die Engel

DIE LIEBE ZUM NATURHAFTEN

hingegen gaben all dem nicht die geringste Bedeutung. Sie lehrten das *natürliche* Mass der Lebensfunktionen.
Als ich einmal fragte, ob ich am Freitag fasten solle, war die Antwort:

NEIN! DAS MASS JEDEN TAGES SEI DEIN FASTEN! [16]

Als Lili ihrerseits dieselbe Frage stellte, gab ihr Lehrer zu verstehen, wie unwichtig, ja wie belanglos das Fasten in der Sicht der Engel ist:

DAS FASTEN AN SICH HILFT NICHTS.
WEISST DU, WANN DU FASTEN SOLLST?
WENN DU ZUVIEL GEGESSEN HAST.
DOCH ES IST BESSER, NICHT ZUVIEL ZU ESSEN.
ALL DAS IST UNWESENTLICH, MEIN KLEINER DIENER!
WENDE DICH DEM «MEHR» ZU
UND DAS «WENIGER» WIRD DIENEN. [99]

In der Sicht der Engel kann jede Körperfunktion und die sie erhaltende Lebensflamme *heilig* sein.
Die körperliche Liebe wurde nie als etwas Sündhaftes an sich betrachtet, so sie die körperliche und seelische Vereinigung bedeutete:

BÜSSER UND ASKETEN SIND NICHT NÖTIG.
SIE SIND *IHM* NICHT LIEBENSWERT. [93]
DER KEUSCHE KÖRPER IST NICHT AUFGABE,
SO DIE FLAMME REIN IST
UND DIE LEIDENSCHAFT HEILIG. [391]

Wo aber der Mensch die sexuelle Vereinigung als Selbstzweck braucht und so entheiligt, wird es sich an ihm rächen.

DIE LIEBE ZUM NATURHAFTEN

Dies verstand ich, als der Engel mit ungewohnter Strenge von der Entheiligung des Zeugungsaktes sprach.

Der Mensch verfügt, wie jedes Wesen der Schöpfung, über genügend Energien, um seine Art zu erhalten. Mann und Frau aber sind die einzigen Wesen, die beinahe jederzeit über den Sexualtrieb verfügen. Diese schöpferische «Plus-Energie» wurde dem Menschen nicht gegeben, um sie in unersättlicher sexueller Befriedigungssucht zu vergeuden, noch um immer mehr menschliche Körper zu zeugen, sondern um den Licht-Körper, die Licht-Materie des Neuen Menschen, zu erschaffen. Tut er es nicht, so wird er entwicklungsunfähig. Das Einswerden von Licht und Materie ist aber im Plan der Evolution vorgesehen.

Hier ist der grosse Unterschied zwischen der herkömmlichen Askese und der evolutiven Sicht der Engel: Nicht Abtötung, eines Teiles der menschlichen Natur, sondern Belebung des *ganzen* Menschen.

Während der siebzehn Monate der Gespräche begann ich den Körper ganz neu zu erleben. Der Körper wurde zu etwas Wunderbarem, in dem sich alles offenbaren kann:

JEDES ORGAN DEINES KÖRPERS
IST BILD EINER WELTENKRAFT
UND ERHÄLT SEINE KRAFT VON IHR. [131]

Wie konnte ich danach den Körper noch missachten? Der Engel aber ging weiter. Er erklärte uns, dass das Bewusstwerden kein abstraktes Geschehen sei, sondern das Organische miteinbeziehe.
In der heute rational dominierten Weltsicht neigt man oft dazu, das Bewusstwerden als einen *nur intellektuellen* Vorgang zu betrachten. Wie sehr das am wahren Bewusstsein,

DIE LIEBE ZUM NATURHAFTEN

das den Geist und den ganzen Körper umfasst, vorbeigeht, verstand ich, als der Engel sagte:

JEDE DEINER KLEINEN ZELLEN MUSS ERWACHEN. [59]

Seitdem bedeutet für mich das Wachwerden *aller* Schichten des Menschen das wahre Bewusstsein.

Dieses Wachwerden kann sich während *jeder* unserer Tätigkeiten vollziehen, ob wir nun arbeiten, essen, lernen, beten oder was auch immer tun. In einem anscheinend nur körperlichen Geschehen kann das innigst Geistige enthalten sein und wirksam werden. Das fühlte ich, als der Engel zum wahren Lächeln sagte:

DAS LÄCHELN IST DAS GEBET EINER JEDEN ZELLE. [215]

IX

WIE BEGEGNET MAN SEINEM ENGEL?

Ich werde oft gefragt, wie man seinem Engel begegnen könnte. Die meisten Fragesteller erwarten präzise Anweisungen oder eine regelrechte Schulung. Manche hoffen sogar auf geheime Riten und Initiationen oder auf eine neue Meditationspraxis. Meine Antwort, dass nur der innere Durst den Engel anzieht, enttäuscht oft.
Ja, wie begegnet man seinem Engel? Es scheint mir einfacher, die Frage umzustellen:
Wie begegnet man ihm nicht?
Indem man sich seiner unwürdig wähnt, statt sich als ein Kind Gottes zu fühlen.
Indem man ihn aussen sucht, statt innen.
Indem man sich ein vorgefasstes Bild macht, statt bildlos zu bleiben.
Indem man erwartet, statt zu warten.
Indem man im gewöhnlichen Tun lau bleibt, statt mit voller Hingabe zu wirken.
Indem man «esoterische» Schauer ersehnt, statt natürliches Geschehen.
Das sind nur einige ungenügende Beispiele.
In letzter Linie aber ist es unsere Offenheit und unser Durst, der zur Begegnung mit dem inneren Meister führt.

Ich erinnere mich, dass ich es natürlich fand, als mein Engel zum ersten Male zu mir sprach. Es war etwas, dass zu seiner Zeit kommen *musste* und nun gekommen war, wenn auch vollkommen unerwartet. Dennoch war es zeitentsprechend, wie wenn ein Apfel zur Zeit seiner Reife vom Baume fällt.

Ich glaube, dass an einem gewissen Grad innerer Bereitschaft angelangt die bewusste Begegnung mit dem inneren Lehrer natürlich wird. Sie entspricht der Evolution der Seele. So sagten auch die Engel nach einigen Gesprächen:

GIBT ES ETWAS NATÜRLICHERES,
ALS DASS WIR MITEINANDER SPRECHEN KÖNNEN? [156]

Vielen Menschen scheint die Begegnung mit den Engeln seltsam. Hier ein typisches Beispiel:
Als der bekannte Journalist Jacques Chancel seine Radiosendung über das eben erschienene Buch «Dialogues avec l'Ange» ankündigte, sagte er, es handle sich dabei um «une aventure étrange», d. h. um ein «sonderbares, befremdliches Abenteuer». (D)
Ich empfand das als grundfalsch und schrieb ihm sofort, dass diese Ankündigung in den drei Millionen seiner Zuhörer eine sensationslüsterne Neugierde erwecken könnte, dass sie aber gerade vom Gegenteil, von einem einfachen und natürlichen Geschehen hören werden.
Zu meiner Erleichterung las Jacques Chancel während des Interviews meinen Brief vor und so kam die Rede ganz von selbst auf die Natürlichkeit der Begegnung mit den Engeln.
Ich fragte Chancel, ob es sonderbar sei, dass Mozarts inneres Ohr himmlische Harmonien hörte und sie auf Papier transponierte. Niemand findet das befremdlich, denn es entsprach Mozarts Begabung und Sensibilität.
Nun, es ist ebenso wenig befremdlich, dass Hannas inneres Ohr die Botschaft der Engel hörte und ihren Sinn in Worte unserer Sprache transponierte. Ebenso wenig werden *wir* es als befremdlich empfinden, wenn sich unser inneres Ohr einmal für die Worte unseres eigenen Engels öffnen wird, denn

auch dies wird das Ergebnis einer natürlichen Entwicklung sein.
Nach der Sendung erhielt ich viele Briefe. Unter ihnen befand sich wieder ein lakonisches Schreiben, das mich erleichterte: «Danke für Ihre Einfachheit.»
Warum war ich erleichtert? Ich hatte mich für die sensationslüsterne Neugierde der Zuhörer mitverantwortlich gefühlt.
Ich selbst hatte einmal meinem Engel eine Frage gestellt, der eine mir kaum bewusste Erwartung einer «sensationellen» Antwort beigemischt war. Das genügte, dass die Antwort mir versagt wurde. Seither weiss ich gut, dass Neugierde den Kontakt mit dem Numinosen unmöglich macht. So war ich froh, den Eindruck der Natürlichkeit in den Zuhörern erweckt zu haben.

Ausser der Neugierde gibt es noch ein anderes, erstaunlich häufiges Hindernis, dem Engel zu begegnen. Es ist die vermeintliche «Unwürdigkeit» des Menschen.
Es war eine durch Jahrhunderte geübte «Tugend», sich vor seinem Schöpfer als unwürdig zu bekennen. Wenn ich auch heute noch Ausübenden dieser «Tugend» begegne, so bin ich immer froh, den Engel einst über die wahre Demut gefragt zu haben. So kann ich ihnen jeweils die diesbezügliche Antwort wiederholen:

BEUGST DU DAS HAUPT UND FÜHLST DICH ERHOBEN –
SO IST ES WAHRE DEMUT.
BEUGST DU DAS HAUPT UND FÜHLST DICH ERNIEDRIGT –
SO IST ES FALSCHE DEMUT. [59]

Ich wünsche allen, die das Gefühl ihrer Nichtigkeit nicht loswerden können, nur einmal diese Worte wirklich zu leben, zu er-leben:

ER HAT DEN MENSCHEN NACH *SEINEM* BILDE ERSCHAFFEN.
                                                                    [28]

und:

GLAUBST DU AN DICH –
SO GLAUBST DU AN *IHN*.   [223]

Die alle falsche Unwürdigkeit hinwegfegende Kraft des Engels erlebten wir, als er uns zurief, mit ihm zusammen die Verbindung zwischen Irdischem und Himmlischem zu schaffen:

REICH MIR DIE HAND!
WIR SIND DAS BAND, DIE BRÜCKE, DER BOGEN
ZWISCHEN UNTEN UND OBEN.   [176]

Beide Hälften der Brücke – sind sie in sich vollendet – sind gleich wichtig, gleich nötig – sie ergänzen sich.

EIN HALBER BOGEN IST GANZ GELOGEN.
ER MUSS SICH HALTEN.
KANN NICHT HEBEN, NICHT STERBEN, NOCH LEBEN.   [176]

Ist es natürlich, halb zu sein? Nein, die Ganzheit ist natürlich. Sie ist wahr. Das Halbe aber ist gelogen, es entspricht nicht unserer Bestimmung. Wir sind ohne unsere ergänzende, numinose Hälfte, ohne den Engel nur halb.
Genau so ist der Engel, ohne mit uns vereint zu sein, nur ein halber Bogen, der seine Aufgabe nicht erfüllen kann. Die alte, bedrückende Lehre von der Nichtigkeit des Menschen verschwindet vor diesem Worte des Engels für immer:

HALB GOTT – HALB ERDE: WERDE!   [152]

Göttliches auf der einen Seite der Waage – Irdisches auf der anderen, das ist das erlösende Gleichgewicht.
Wo bleibt da die vermeintliche Unwürdigkeit des Menschen? Sie löst sich in Nichts auf und eine frohe Verantwortung uns selbst und der Schöpfung gegenüber tritt an ihren Platz. Das ist die wahre Würde des Menschen.
Dieses neue Selbstbewusstsein macht den Weg frei, dem eigenen Engel zu begegnen: Statt in steriler Selbsterniedrigung in der Würde der Verantwortung.

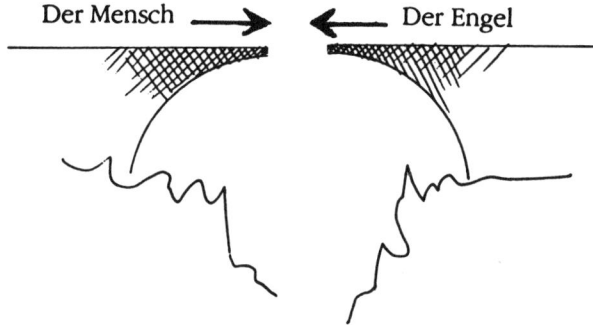

X

DIE MACHT DES MENSCHEN

Ich war oft erstaunt, wenn ich wahrnahm, welch starke Beeinflussung wir Menschen auf die Materie ausüben.

Ich hatte schon seit langem bemerkt, dass beim Betreten eines unbekannten Raumes die dort befindlichen Gegenstände mir vieles über ihren Besitzer aussagten.
Sie strahlten genau das zurück, was sie von ihm erhielten oder auch nicht erhielten. Dinge können eine warme Fülle, aber ebenso eine öde Leere vermitteln.

Es ist allbekannt, das Gegenstände, Pflanzen, Tiere und Menschen Energien ausstrahlen, was heute sogar photographiert und gemessen werden kann.
Ich habe oft erlebt, dass Energien auch zurückgestrahlt werden. War ich z. B. von einer anstrengenden Arbeit ermüdet, so kam es oft vor, dass etwas so Gewöhnliches wie meine gut aufgeräumte Küche die mir augenblicklich fehlenden Energien zurückgab.
Das kleinste Ding, das ich sorgsam pflege, wird dadurch belebt und strahlt im gegebenen Falle diese Belebung dankbar wider. Das freundschaftliche Verhältnis mit den Gegenständen scheint mir ebenso wichtig wie das mit Pflanzen, Tieren und Menschen.

Durch solche kleinen Erfahrungen wurde ich mir des unumstösslichen «Bumerang-Gesetzes» bewusst: Was ich ausstrahle, strahlt auf mich zurück.

Die Engel bestätigten und erweiterten dies:

DU BIST NICHT NUR GESCHÖPF –
DU HAST ANTEIL AN *SEINER* KRAFT.
DU BIST DEIN EIGENES GESCHÖPF.
DU SELBER HAST DAS GUTE UND SCHLECHTE
HERVORGERUFEN. [81]

Ich wusste aber noch nicht, welches Ausmass dieses «Hervorrufen» annehmen konnte.
Als ich es durch ein banales Ereignis erfuhr, war ich äusserst erstaunt, denn nie hätte ich auch nur geahnt, welch grossen Einfluss wir auf unsere Umwelt – ohne es zu wissen – ausüben.

Einmal, als ich meinte, still und gesammelt auf das Gespräch mit Lilis Lehrer zu warten, unterbrach uns das infernale Auspuffskonzert eines Motorradfahrers. Ausdauernd prüfte er seine Maschine gerade vor unserem Fenster. Ich wurde immer ungeduldiger. Endlich fuhr er ab und ich seufzte erleichtert auf. Da aber begann eine Maus ungeniert unterm Kasten zu nagen und hartnäckig miaute die Katze um Einlass vor der Tür.
Als meine Ungeduld stieg, konstatierte Lilis Meister trocken:

DER LÄRM IST NICHT AUSSEN – SONDERN INNEN.
KLEINE GERÄUSCHE IN DIR
HABEN SICH AUSSEN VERKÖRPERT. [173]

Die Katze hörte nicht auf, zu miauen, was mich immer mehr ärgerte. Da wandte sich Lilis Engel nochmals zu mir:

MIT DEM TIERE BERUHIGST DU DAS TIER NICHT. [173]

Wütend trug ich die Katze in den Garten. Erst als ich mich etwas beruhigt hatte, begann ich den Sinn des Gesagten zu verstehen. Ich hatte gar nicht bemerkt, dass während des «stillen und gesammelten» Wartens meine Gedanken weder still noch gesammelt waren, sondern lärmten und so auch aussen Lärm bewirkten. Nie hätte ich geahnt, dass ein inneres Geschehen in solchem Masse äusseres Geschehen beeinflussen kann, und dergestalt fatalerweise wieder auf mich zurückwirkt.
Ich hatte folgende Worte der Engel bisher nur *gewusst*, jetzt aber hatte ich sie in ihrer unmittelbaren Realität erlebt:

DU BIST NICHT NUR ERSCHAFFENES GESCHÖPF.
DU ERSCHAFFST UND ZERSTÖRST –
VOR ALLEM DICH SELBST. [56]

Nun begann ich endlich zu begreifen, dass ich selbst die äusseren Umstände meines Lebens forme, dass ich selbst durch Ärger das Tierische in mir und damit die Ungeduld in den Tieren verstärke. Erst wenn ich ruhig werde, wird auch das Tier ruhig.
Nur Ruhe kann Unruhe stillen. Wenn ich in mir etwas wandle, wird auch meine Umwelt anders:

WENN *DU* DICH UMGESTALTEST
IST DIE MATERIE GEZWUNGEN,
SICH AUCH UMZUGESTALTEN. [187]

In der bekannten Geschichte vom «Regenmacher», die Richard Wilhelm aus China brachte, geht es um etwas Ähnliches, das ich ganz kurz erwähnen möchte.
Sie berichtet, wie in einer Gegend Chinas eine grosse Dürre herrschte. In ihrer Not baten die Bewohner einen Regenmacher um Hilfe. Er verlangte, in ungestörter Stille in einer Hütte

DIE MACHT DES MENSCHEN

verweilen zu können. Nach einigen Tagen fiel endlich Regen. Richard Wilhelm, der in der Gegend war, suchte ihn auf, um zu erfahren, wie er den Regen «verursacht» hätte. Der Regenmacher entgegnete schlicht, dass die Bewohner des Landes durch ihre unharmonische Lebensweise die Naturkräfte gestört hätten. So habe er zuerst sich selbst in einen harmonischen Zustand versetzen müssen. Diese seine innere Harmonie habe bewirkt, dass die Naturkräfte ihr gestörtes Gleichgewicht wiederfanden und Regen kommen konnte.

Als ich diese Geschichte hörte, fiel mir folgende Aussage des Engels ein:

DEIN HERZSCHLAG IST EINS
MIT DEM HERZSCHLAG DES ALLS. [131]

Die Weltenkräfte wirken auf uns ein, aber auch wir wirken anscheinend auf die Weltenkräfte. Eines wirkt auf das andere. Sind wir harmonisch, so wirken auch die Weltenkräfte in Harmonie. Darum konnte der Regenmacher das Fallen des Regens bewirken.
Das klingt sehr einfach und dennoch scheint uns der Regenmacher etwas Wunderbares. Vielleicht deshalb, weil in sich ruhende Menschen so selten sind.
Sicher hat aber noch etwas anderes zum Fallen des Regens geführt. Der Regenmacher versuchte nicht, den Regen hervorzurufen, sondern gab sich alleine der gesammelten Harmonie hin. Er war absichtslos geworden.

SIEH – DAS WUNDER KOMMT NUR,
WENN DU DICH VERGISST.
DAS IST DAS GEHEIMNIS DER GEHEIMNISSE. [98]

Hätte der Regenmacher den Regen willentlich zu bewirken versucht, so wäre wohl kein Tropfen gefallen, denn göttliche Kräfte können nur dort wirken, wo das ich-bedingte Wollen sich nicht einschleicht.
Ich erinnere mich, wie ich einmal nach meiner inneren Wahrheit handelte und das war wunderbar. Aber da berührte mich der flüchtige Gedanke: «*Ich* handelte...» und das Wunderbare verlor seinen Glanz. Der Engel erklärte mir, warum:

EIN WORT VERSCHLIESST.
DU SAGTEST: «ICH»...
SO WAR ALLES ZU ENDE.
EIN VORHANG SENKTE SICH ZWISCHEN DICH
UND DIE EWIGE WAHRHEIT.
DER VORHANG HEISST: «ICH».
ZIEHST DU IHN WEG,
SO WIRST DU *ER* SEIN. [172]

Ich war nicht restlos absichtslos gewesen, ich hatte mich nicht ganz vergessen. Der Regenmacher aber war absichtslos, er vergass sich selbst.
So konnte die Harmonie des Inneren die Harmonie des Äusseren hervorrufen, denn Innen und Aussen sind in ihrer tiefsten Natur eins.

XI

ZEIT UND ZEITLOSIGKEIT

Das Thema «Zeit und Zeitlosigkeit» ist so komplex, dass ich davon lediglich Momentaufnahmen geben kann.
Die Engel leben nicht im Zeitenstrom wie wir, sondern im zeitlosen «Jetzt», das wir nur selten erfahren. Oft war ich deshalb unsicher, von welcher Zeit sie jeweils sprachen, von der menschlich messbaren oder der unmessbaren.
Um mich zurechtzufinden, begann ich auf die Gefühlstöne der verschiedenen Zeitbegriffe zu achten.
Der menschliche Zeitenstrom gab mir das Gefühl des grauen, trüben Ausgeliefertseins. Er ist ein *horizontal* sich hinziehendes Geschehen. Verflachend.
Das zeitlose «Jetzt» der Engel aber empfand ich wie einen *vertikalen* Strahl von unglaublicher Macht und Lebensintensität. Erhebend.
Die Engel gaben uns eine genaue Beschreibung davon, wie sie die menschliche Zeit sehen:

VERGANGENHEIT – GEGENWART – ZUKUNFT.
ALLE DREI SIND EIN STROM, EIN EINZIGER STROM.
UNZERTRENNLICH EINS: BEWEGUNG DER FEINEN MATERIE.
WAS TÄUSCHT EUCH?
DER GROSSE TÄUSCHER IST DIE ZEIT.
DIE ZEIT IST NICHT HEIMAT DES MENSCHEN.
HEIMATLOS IST ER IN IHR.
EIN SCHRITT... UND DIE STRÖMUNG REISST MIT.

ES IST EIN ANDERES, DEN STROM ZU ÜBERBLICKEN,
ALS DARIN ZU SEIN.
DER MENSCH IST AUCH DES STROMES HERR.   [236]

ZEIT UND ZEITLOSIGKEIT

Das Bild des Zeitenstromes wirkte beklemmend auf mich. Ich sah nämlich, dass ich bisher mein Leben lang nicht *auf* dem Wasser, sondern *unter* dem Wasser, in der Tiefe des Stromes, passiv mitgetrieben wurde, ohne das Geringste davon zu ahnen.
Als ich mich fragte, was mich wohl in die Tiefe der Strömung ziehe, erinnerte ich mich folgender Worte:

GEFÜHL, WILLE UND WÜNSCHE SIND ZEITBEDINGT.
DA, WO SIE ENDEN –
DA IST DAS ZIEL DEINES WEGES. [50]

Diese unsteten, wellenbewegten Regungen lassen mich also in der Tiefe der Strömung mitgerissen werden. Als es mir einmal gelang, mich über den Strom zu erheben, sah ich in einem zeitlosen Augenblick, dass ich Gefühle, Wille und Wünsche nicht zu *unterdrücken,* sondern einem Grösseren freiwillig *unterzuordnen* hatte, um Herr des Stromes werden zu können... und dieses Grössere ist eben das Zeitlose. Es gibt nämlich unbewegte, zeitlose Gefühle. Das sind die Gefühle der Engel. Sie sind aber auch uns schon möglich:

WAHRES GEFÜHL IST UNBEWEGT,
LIEBT ALLES UND STRAHLT. [43]

Durch dieses wahre Gefühl wird der Mensch Herr des Stromes.

Das vertikale «Jetzt» der Engel wurde mir gezeigt, als ich fragte, womit die Entfernung zwischen mir und meinem Engel zu überbrücken sei:

MIT DER MITTE.
TAT ZUR RECHTEN ZEIT
IST TAT AUSSER ZEIT.

ZEIT UND ZEITLOSIGKEIT

DORT BIN ICH
UND DORT VERSTEHST DU MIT DEM HERZEN,
UND NICHT MIT DEM KOPF. [48]

Das war für mich erstaunlich. Durch die *Tat* in der Mitte sollte ich die Zeitlosigkeit erreichen können?
Ich hatte von grossen indischen Gurus gelesen, die ihre Schüler langen, strengen Meditationsübungen unterzogen, um sie in überzeitliche Ekstasen zu führen. Und nun sagte der Engel schlicht, dass diese Zeitlosigkeit durch ganz gewöhnliches Tun zu erreichen sei!
Mit einem alltäglichen Bild zeigte er uns dann, wie selbst das kleine Kind sich instinktiv und spielerisch auf diesen zeitlosen Moment vorbereitet.

KINDER SPIELEN.
ZWEI HALTEN EINE SCHNUR UND DREHEN SIE,
DAS DRITTE SPRINGT.
DIE SCHNUR IST MATERIE.
AUSSENSTEHENDE KRAFT TREIBT SIE AN.
DAS KIND SPRINGT.
SPRINGT ES ZU FRÜH... SPRINGT ES ZU SPÄT,
SO GIBT IHM DIE SCHNUR EINEN SCHLAG.
DER RECHTE AUGENBLICK IST DAS ZIEL
UND DAS IST DIE FREUDE AM SPIEL. [145]

Endlich verstand ich, was mit der Tat zur rechten Zeit gemeint war. Dieses «zu-früh» oder «zu-spät» gab mir den Schlüssel zur zeitlosen Mitte und ich hatte das Gefühl, bisher blind gewesen zu sein. Dieser Schlüssel öffnete in der Zeit die Türe zur Zeitlosigkeit.

Immer wurden die Worte der Engel von sich mehr oder weniger intensiv einprägenden Bildern ergänzt. Ein unvergesslich

ZEIT UND ZEITLOSIGKEIT

klares Bild erläuterte das rechtzeitige Tun, als einmal von meinem Vorwärtsstürmen und Josephs Säumen die Rede war:

WER EILT – NÄHERT SICH DEM TOD VON VORNE.
WER SÄUMT – NÄHERT SICH DEM TOD VON HINTEN.
ZWISCHEN DEN BEIDEN IST DAS EWIGE SEIN.
WER ZUR RECHTEN ZEIT TUT – KENNT KEINEN TOD. [38]

Hanna hatte das Gesagte folgendermassen gesehen:
In einer haarscharfen, senkrechten Linie vibriert das Leben. Tue ich zur rechten Zeit, so bin ich in dieser Linie – im «Jetzt» – und da *lebe* ich. Eile ich, so bin ich in der Zukunft, im Nicht-Leben von vorne. Säume ich, so bin ich im Nicht-Leben von hinten.

Der Engel sagte uns einmal:

WIR KENNEN WEDER ZEIT NOCH RAUM.
UNTER UNS BEGINNT DER RAUM
UND WEITET SICH NACH UNTEN AUS.
ERHEBET EUCH!
SO KÖNNEN WIR IMMER VEREINT SEIN. [276]

Wir hatten uns aus der Zeit zu erheben, um uns in der zeitlosen Mitte mit dem Engel zu vereinen. Solange wir dies aber nicht tun, muss der Engel sein zeitloses Lebenselement verlassen und in den Zeitenstrom tauchen, wenn wir seine Hilfe benötigen.
Das erfuhr ich, als einige Jahre nach den Gesprächen sich mehrere, mir nahestehende Personen in einer gefahrvollen Situation befanden. Ich unternahm alles Erdenkliche, um sie zu retten, aber politische Strafsanktionen verhinderten es.
Da versicherten mir viele meiner Freunde – und das war als Trost für das Misslingen meiner Rettungsversuche gemeint! –

dass in *diesem* Falle keine Hilfe möglich sei. Ich aber klammerte mich an ein Engelwort und wiederholte es ständig in meinem Innern:

NICHTS IST UNMÖGLICH.
UNMÖGLICHES GIBT ES NICHT. [147]

Da geschah es, dass mir, während ich auf der Strasse ging, in einem zeitlosen Blitz gezeigt wurde, wie eine Rettung dennoch möglich sei. Im Lichte dieses Blitzes war Vergangenes, gegenwärtig Mögliches und das in der Zukunft zu Tuende gleichzeitig sichtbar und klar zu überblicken.
In diesem Augenblick war ich *über* dem Zeitenstrom gewesen. Ich tat also, was mir das «Zeitlose» gezeigt hatte, und die kaum mehr zu rettenden Personen wurden vor einem grossen Unglück bewahrt.

Eine andere «Momentaufnahme» der Zeit: Der regelmässige, zeitliche Rhythmus, mit dem sich uns die Engelbotschaften kundtaten, erstaunte einen Leser und er fragte mich: «Es steht geschrieben, der Geist komme und gehe, er wehe, wann und wo er wolle. Wie ist das mit der sich regelmässig wiederholenden Belehrung der Engel zu vereinen?»
Meinem Gefühl nach war gerade diese Regelmässigkeit vom Geist vorgesehen. Es handelte sich ja nicht um eine nur persönliche Hilfe, sondern um eine – so scheint es mir – allen Menschen gegebene Sinn-Erfüllung. Dieser Sinn ist aber so umfassend, dass der Geist sich der menschlichen Aufnahmefähigkeit anpassen musste, um seine ganze Fülle vermitteln zu können.
Der siebentägige Rhythmus entsprach dem genau. Wir hatten eine Woche Zeit, um das Gesagte aufnehmen zu können und um neue Fragen entstehen zu lassen. Mir scheint, dass dieser Wachstums-Rhythmus in einem weisen Plan vorhergesehen war.

ZEIT UND ZEITLOSIGKEIT

DER RHYTHMUS DES MENSCHEN IST SIEBENFACH. [134]

Gegen das Ende der Gespräche aber, als wir in ständiger Lebensgefahr waren, benützten die Engel jeden freien Moment, um zu uns zu sprechen und die Botschaft zu vervollständigen.

Die Tageszeit, die die Engel für die Gespräche gewählt hatten, ist geheimnisvoll. Jahrzehntelang war ich darüber in völliger Unwissenheit geblieben.
Ich lebte schon in Paris, als mich eines Tages ein junger Franziskaner aufsuchte. Er hatte bei einer Freundin das französische Übersetzungs-Manuskript des Engeltextes gelesen und bat mich nun, jeden Freitag kommen zu dürfen, um das Gespräch des betreffenden Tages mit mir lesen zu können. Ich sagte zu.
Bald bemerkte ich, dass er einen ausserordentlichen Wert darauf legte, jeweils pünktlich *vor* drei Uhr da zu sein. Ich fragte ihn einmal über den Grund seines so pünktlichen Kommens. Er blieb einen Augenblick sprachlos, bevor er mich – erstaunt über meine Unwissenheit – fragen konnte: «...Ja wissen Sie denn nicht, warum die Engel freitags um drei Uhr zu Ihnen sprechen? Das ist die Todesstunde Jesu, und da sind die Menschen für seinen belebenden Geistesstrom empfänglicher.»
Nun war ich sprachlos. Zwar hatte ich um die Todesstunde Jesu gewusst, aber es war mir nie eingefallen, die beiden Zeitmomente in Verbindung zu bringen. Staunend stand ich nun vor diesem Zeit-Mysterium, das nach beinahe zweitausend Jahren auch heute noch wirksam ist, und das ich während siebzehn Monaten jeden Freitag neu erlebt hatte.

XII

WELTENENDE UND WELTENWENDE.

Eine Dame bat mich einmal, ihr Näheres über das von den Engeln «prophezeite Jüngste Gericht und Weltenende» mitzuteilen.
Ich konnte ihr nur antworten, dass die Engel nie von äusseren Ereignissen «prophezeiten», sondern immer vom inneren Geschehen, von den Bildern der Seele sprachen.

DAS NEUE IST IN DIR.
ALLES IST *IN DIR* UND NICHT AUSSEN. [144]

Auch sagten die Engel klar, dass das «Gericht» nicht das *Ende,* sondern die *Wende* zu etwas Neuem bedeutet:

DAS GERICHT IST NICHT ENDE – ES IST BEGINN. [300]
DAS ALTE VERWEST – DIE NEUE KNOSPE ÖFFNET SICH. [279]

Heute wird die Dringlichkeit einer entscheidenden Wende von vielen Menschen empfunden. Wir sind individuell vor entscheidende Wandlungen gestellt. Leider erwartet man diese meist von aussen, von der Familie, von der Umgebung, von einer politischen Partei.
Ob wir sie aber bewusst wahrnehmen oder uns dessen unbewusst bleiben, entscheidende Zeiten nahen unaufhaltsam.

JETZT ENTSCHEIDET SICH ALLES. [201]
ALLES ENTSCHEIDET SICH, ALLES WIRD ZU DEM,
WOZU ES BERUFEN IST,
UND NICHT ZU DEM, WAS ES VORGIBT, ZU SEIN.

WELTENENDE UND WELTENWENDE.

NEUES LEBEN GEWINNT DAS LEBENDE
UND LEBLOSES ZERFÄLLT ZU STAUB. [315]

Am Sommer-Sonnwendtage des Jahres 1944 fühlte ich zum ersten Male den Rhythmus eines neuen Weltenimpulses schwingen, als der Engel sagte:

DER NEUE TON SCHWINGT JETZT.
DIE NEUE SONNE KOMMT JETZT.
HEUTE WENDET SICH ALLES – HEUTE!
VON EWIGKEIT ZU EWIGKEIT. [309]

Als ich das hörte, befiel mich ein sonderbares Zeitgefühl. Es war nicht von menschlichen Ausmassen. Etwas war verändert, wie wenn ein neuer Ewigkeitswind zu wehen begonnen hätte.

DAS EWIGE GIBT DAS ZEICHEN:
NEUE SAMEN WERDEN GESÄT. [300]

Jedesmal, wenn die Engel vom Werden eines neuen Seins sprachen, fühlte ich deutlich, dass sie sich an den *heutigen* Menschen wenden, um ihm die *heutigen* Möglichkeiten bewusst zu machen, damit er sich in unserer unsicheren Wendezeit zurechtfinde.

DIE SCHWINGUNG DER NEUEN SCHÖPFUNG ERZITTERT. [122]

Die Engel sprachen mit unerschütterlicher Gewissheit von der neuen Schöpfung und dennoch spürten wir kaum, was damit gemeint war. Es schien mir schon oft, dass der Engel in der Sphäre der neuen Impulse lebt, in der subtilen, formgebenden Sphäre des Lebens, die die spätere Formung der Materie bewirkt.

Hier ein Beispiel dafür: Lili hatte drei Geistesfunken erhalten, und ihr Lehrer fragte sie, ob sie sie auch fühle. Aber Lili fühlte sie *noch nicht* und es wurde ihr erklärt, warum:

DREI FUNKEN HAST DU HEUTE ERHALTEN.
DU WIRST SEHEN, DASS ES SO IST.
DER KÖRPER IST LANGSAM,
ER NIMMT ES SPÄTER WAHR.
DU ABER BIST NICHT NUR KÖRPER. [228]

Das Wahrnehmen der drei Geistesfunken, die Lili erhalten hatte, blieb ihr versagt, bis ihre unglaublich belebende Wirkung allen gewahr wurde, die im Todeslager Ravensbrück bei ihr Trost und Kraft fanden.

Wann werden wir die irdische Auswirkung der Kraftimpulse des neuen Zeitalters wahrnehmen?
Die formgebenden Kräfte allen Geschehens, die ihren Ursprung in der zeitlosen Lebenssphäre der Engel nehmen, brauchen in der Zeit, in unserer Lebenssphäre, eben «Zeit», bis sie die Materie durchdrungen und geformt haben.
Sind sie aber einmal in die menschliche Sphäre eingedrungen, so werden wir *mitverantwortlich* für ihr Wirken. Das Zeitgeschehen zeigt nur zu deutlich, dass diese Kräfte vom Menschen auch deformiert werden können und dementsprechend destruktiv wirken.

Des Engels Aufgabe ist es, uns zu den positiven Möglichkeiten unseres Zeitalters zu führen.
Unsere Vorfahren lebten in einem langsamen Evolutionsrhythmus. Wir aber stehen vor einem radikalen Übergang zu etwas ganz Neuem:

WELTENENDE UND WELTENWENDE.

DAS NEUE – EIN KIND OHNE ELTERN –
FEGT ALLES ALTE HINWEG
DAS LICHT WIRD NICHT
AUS DER FINSTERNIS GEBOREN,
DIE FINSTERNIS ABER STIRBT
BEIM KOMMEN DES LICHTS. [211]

Heute fühlen viele nur die Finsternis. In den Möglichkeiten eines atomaren Krieges sehen sie die Bedrohung eines Weltenendes.
In der Sicht der Engel leben wir hingegen in der zukunftsweisenden Zeit einer Weltenwende.

SEIT LANGEM WARD ES VERKÜNDET:
DIE ERDE WIRD NEU – DER HIMMEL WIRD NEU.
DAS LICHT ERSTRAHLT – DAS DUNKEL VERGEHT. [300]

Ich kann wählen: in der lähmenden Angst vor der Vernichtung zu verkümmern oder von neuen Weltenimpulsen genährt zu werden. Jedes Wort der Engel schwingt im neuen Weltenrhythmus und kann mich im selben Rhythmus zum Schwingen bringen, wenn ich mich ihm öffne.

EIN NEUER RHYTHMUS SCHAFFT NEUE WELTEN.
NACH NEUEN PLÄNEN WACHSEN NEUE ORGANE.
DIE WELT WIRD WEIT, WIRD HELL, WIRD NEU. [311]

Ich bin voller Hoffnung für unser aller Schicksal, wenn ich entdecke, – und ich entdecke es immer öfter – dass sich heute viele Menschen diesem Rhythmus öffnen. Sie beginnen sich für die tiefen Zusammenhänge der einheitlichen Natur von Geist und Materie zu interessieren.
Die Wissenschaften beginnen interdisziplinär zu arbeiten.
Die Dringlichkeit eines ganzheitlichen Denkens dämmert

auf. Das Gleichgewicht zwischen weiblichen und männlichen Kräften wird gesucht. Und immer mehr Menschen werden sich bewusst, dass nur durch ihre innere Wandlung ein äusserer Fortschritt möglich ist.
Ich empfinde die Engel als die grossen Helfer allen Werdens, aber ihre formgebenden Impulse können lediglich denen wahrnehmbar werden, die sich bewusst sind, dass das neue Zeitalter nur dann anbrechen kann, wenn wir als *Menschen* neu werden.

XIII

DER SCHMETTERLING UND DAS KIND

Als junge Freunde die vielen Leserbriefe sahen, die mir der Postbote jeweils brachte, kam die Rede einmal spontan darauf, wie ich die Wandlung vom alten zum neuen Menschen, die in der Engelbotschaft so zentral ist, mit einem möglichst einfachen Bild erläutern könnte. Wir fanden, dass das allbekannnte und oft erwähnte Bild der natürlichen Wandlung eines Tieres – der Raupe zum Schmetterling – die ebenso natürliche Wandlung des Menschen zum MENSCHEN gut veranschaulicht.

Die Raupe und der Schmetterling sind ein und dasselbe Wesen in zwei verschiedenen Daseins-Stadien. So ist auch der heutige Mensch und der neue MENSCH dasselbe Wesen auf zwei verschiedenen Entwicklungsstufen.

Für die Raupe ist dieser Übergang ein *instinktives,* naturgemässes Geschehen. Es entspricht dem Naturgesetz, das ihr innewohnt, dass sie sich wandelt. Sie muss nicht wählen. Beim Menschen ist es zwar auch ein natürliches Geschehen, aber es ist nicht mehr ein instinktiver, *unbewusster* Vorgang, sondern ein *vollbewusster,* für den er sich frei entscheiden kann.

Einmal fragte Lili, was der Instinkt sei, und der Engel antwortete:

GOTTES WORT ZUM TIERE. [211]

DER SCHMETTERLING UND DAS KIND

Die Periode des Übergangs in eine neue Daseinsform ist voller Unsicherheit und Gefahr. Die Raupe, die sich zum Schmetterling wandelt, hat nichts zu befürchten, denn das Göttliche spricht zu ihr durch den Instinkt, der sie durch den Wandlungsprozess führt.
Wo aber ist Gottes Wort zum heutigen Menschen, der am Beginn des Überganges in eine ihm noch unbekannte Dimension steht?
Ich habe die Erfahrung gemacht, dass es in mannigfaltiger Art zum Menschen spricht; die Begegnung mit den Engeln, die wir vier Freunde erlebten, ist eine dieser Möglichkeiten.

Die Raupe kann nicht endlos lang ihr Raupen-Dasein verlängern. Einmal muss sie damit aufhören, will sie sich nicht selbst zerstören.
Analog dazu drängt auch uns eine unaufhaltsame, evolutive Urkraft zur Umwandlung, zu einem neuen Sein. Ob wir es wollen, oder nicht, wir sind heute vor die unabwendbare Entscheidung gestellt:

DIE ZEIT IST BEMESSEN:
EWIGER TRAUM ODER EWIGES LEBEN? [200]

Viele träumen noch den alten «Raupen-Traum», aber es dämmert schon, ein neuer Tag bricht an. Im neuen Licht zerfallen die alten Werte, was nicht bedauernswert ist, denn sie können dem Lebenden nicht mehr dienen.

DIE ALTEN HÜLLEN ZERPLATZEN,
WERDEN MORSCH, ZERFALLEN.
ERSCHRECKET NICHT!
WAS MIT EUCH GESCHIEHT, IST GUT. [121]

DER SCHMETTERLING UND DAS KIND

Die Lehre der Engel verkündet keine endgültigen, starren, ein für allemal festgelegten Wahrheiten, sondern sie bereitet den halben Menschen für die Metamorphose zum ganzen Menschen vor. Alles ist im Fluss. Was heute wahr und wirksam ist, kann morgen schon in einer grösseren, umfassenderen Wahrheit enthalten sein und verblassen.

Kehren wir wieder zu unserem Bild zurück. Der aus der schützenden Hülle ausgekrochene Schmetterling ist plötzlich vor eine neue Lebensweise gestellt. Als Raupe kannte er nur das langsame Kriechen auf der Erde. Nun aber kann er sich frei in die Höhe erheben und zur Erde niedersenken.

Auch der noch nicht gewandelte Mensch kennt nur das Wirken im Horizontalen. Der gewandelte MENSCH hingegen wird frei, vertikal wie auch horizontal – in die Höhe des Geistes so wie in der Materie – zu wirken.

Die Gesetze der Raupe sind nicht mehr gültig für den Schmetterling. So sind auch die Gesetze des alten Menschen nicht mehr gültig für das Neue KIND. Aber noch ist es schwach und verletzlich wie alles Neugeborene:

WENN DAS KLEINE KIND GEBOREN WIRD,
KANN ES SEINE GLIEDER NOCH NICHT GEBRAUCHEN.
DOCH ALLES LEHRT IHN DIE EWIGE KRAFT,
DIE IHM GEGEBEN WIRD. [358]

Immer wieder wurde uns versichert, dass Himmel und Erde das KIND ihrer Liebesvereinigung ernähren und behüten, bis es selbständig wirken kann.

SEIN KÖRPER IST VERKLÄRTE MATERIE,
DURCHSICHTIG, FEINFÜHLEND.
EIN KLEINES KIND IST ES,
DOCH UNERMESSLICHE KRAFT,
UNERMESSLICHE EWIGE ZUKUNFT. [350]

TREUE DIENER BEHÜTEN ES. [257]

Die Raupe weiss nicht, wie sie als Schmetterling leben wird. Sie folgt einfach dem Rufe der Natur. Sie ist berufen, zum Schmetterling zu werden und sie *wird* zum Schmetterling.
Wir Menschen sind berufen zum ganzen Menschen zu werden, ... aber folgen wir auch dem Rufe?
Wir können die menschlich-göttliche Natur des neuen Menschen mit unseren jetzigen Sinnesorganen noch nicht erfassen, und dennoch ist sie potenziell unsere *ganze* Natur.

XIV

VERGESSEN UND ERINNERN

Ich liebe das deutsche Wort «Er-innern», denn es weist so schön auf das Aufwachen von etwas tief in unserem Inneren Schlummernden hin. Ich erlebte dieses Aufwachen einige Male in unvergesslicher Art. Das erste Mal war es in Budapest. Ein Felsenberg, der «Gellért-Hegy», erhebt sich steil aus der Donau. Nach der Schule gingen Hanna und ich manchmal auf ihn hinauf, um die weite Sicht zu geniessen.
Einmal ballten sich gewaltige Kumuluswolken bei Sonnenuntergang über der südlichen Ebene auf, in der das silberne Band des grossen Stromes verschwand. Noch nie hatte ich so ein Wolken-Himalaya im Abendglühen gesehen. Wir waren fasziniert und vergassen uns in wortlosem Schauen. Plötzlich erfüllte mich ein sicheres Wissen, dass ich Hanna schon seit langem, sehr langem kenne und dass wir eine gemeinsame Aufgabe haben. Ich war nicht erstaunt darüber, es war vielmehr eine selbstverständliche Gewissheit.
Menschen, die an die Reinkarnation glauben, könnten meinen, dass dies eine Erinnerung an ein vergangenes Erdenleben sei. Eine solche Interpretation würde meinem Erleben aber nicht entsprechen. Mein Erinnern hatte den «Geschmack» von etwas Zeitlosem.

Ein ähnliches Erinnern: Gleich zu Beginn der Gespräche stellte mein Engel mir die mein ganzes Sein durchdringende Frage:

KENNST DU MICH? [10]

Ich war unfähig, zu antworten, und so wiederholte der Engel seine Frage. Diesmal begann sich ein dichter Nebel in mir zu lichten... Ich stiess an die Grenze des Erinnerns.
Ich wusste mit dem sicheren Wissen des Erlebten, dass ich meinen Meister kenne, aber das Erinnerungsbild blieb von Nebel überdeckt. Diese Frage aber hatte die bildlose Erinnerung in mir erweckt, in einer vorgeburtlichen Phase meines Seins in der Gegenwart des Engels gelebt zu haben. Dieses Wissen hatte denselben Geschmack, wie dasjenige, das ich während der im Abendglühen sich türmenden Himalaya-Wolken empfunden hatte.
Später nahm ich dasselbe Gefühl noch einmal wahr. Das war, als Hannas Engel zum ersten Male zu uns sprach. Damals erlebte ich ein blitzschnelles, unsäglich beglückendes Wieder-Erkennen, wie wenn die alles verbergende Nebelwand sich für einen Augenblick geöffnet hätte.

Ich las einmal eine schöne Legende, weiss aber leider nicht mehr wo. Sie erzählt, dass das Kind als Neugeborenes sich an alles *erinnert*... aber da kommt ein Engel und gibt ihm eine kleine Ohrfeige; nun *vergisst* das Kind alles.
Als ich das las, dachte ich an folgende Worte:

ZWISCHEN GEBURT UND TOD
TÄUSCHT EIN SCHLEIER EURE AUGEN.
EUER AUGE SIEHT NICHT DURCH DEN SCHLEIER.
ERHEBT IHR EURE AUGEN ÜBER DEN SCHLEIER,
SO SEHT IHR, DASS ES VIELE LEBEN NICHT GEBEN KANN.
DENN DAS LEBEN IST EINS UND UNTEILBAR.   [375]

Ich hatte das Gefühl, dass wir in einer vorgeburtlichen «Engelschule» zum Eintauchen in das Nebelmeer vorbereitet wurden. Um tief tauchen zu können, mussten wir uns mit Gewicht belasten.

DIE MATERIE, DIE IHR AUF EUCH GENOMMEN HABT,
IST DAS GEWICHT. [69]

Trotz des Vergessens hatte ich meinen Engel – ohne das geringste Befremden, wie etwas ganz Natürliches – wiedererkannt, auch wenn ich sein Bild nicht wahrnehmen konnte. Und trotz des Vergessens hatte ich auch voller Wiedersehensfreude Hannas Lehrer erkannt.
Ich fand es bedeutungsvoll, dass die Engel sagten, wir *hätten die Materie auf uns genommen*. Sollte das auf einen noch im vor-materiellen Zustand gefassten, *freiwilligen* Entschluss hinweisen?
Ebenso hatte der Engel zu Lili gesagt, dass sie «gesandt» sei. Bestand ihre Sendung darin, in die Tiefe des Nebelmeeres, in das Meer des Vergessens zu tauchen?

DIE HELFENDE MUSS IN DIE TIEFE NIEDERSTEIGEN.
ICH GEBE DIR DEN SCHLÜSSEL ZUR TIEFE.
SEIN NAME IST: DIE AUFGABE. [46]

Auch Joseph wurde gesagt, dass er «gesandt» sei.

«GESANDTER DES HIMMELS» IST DEIN NAME.
VERGISS NICHT, DASS DEIN PLATZ AUF ERDEN IST,
DENN NUR SO WERDEN HIMMEL UND ERDE EINS. [244]

Joseph hatte seinen Platz auf Erden bis zum letzten Atemzug erfüllt. Nie hatte er die üblichen Rettungsmittel, wie etwa falsche Papiere in Anspruch genommen.

Wenn ich an Josephs leidvollen Tod im Konzentrationslager denke, erfüllt mich die Gewissheit, dass die freiwillig durchlebte irdische Dunkelheit die komplementäre Intensität des göttlichen Lichtes auf die Erde zieht.

Die freiwillig angenommene Aufgabe ist geheimnisvoll.

WAS IHR LEBEN NENNT – IST DIE AUFGABE.
WIRKT SIE – IST DER TOD IHR DIENER.
WIRKT SIE NICHT – IST DER TOD IHR HERR. [259]

Es scheint mir, dass der, der seine Erdenaufgabe freiwillig annimmt, auch das Instrument dieser Aufgabe – den Erdenkörper – freiwillig annehmen kann. Ist aber die Aufgabe einmal erfüllt, so *dient* der Tod, denn er befreit nun vom unnötig gewordenen Instrument.
Nur im Namen der Aufgabe kann ich die Vernichtung meiner Gefährten annehmen, obwohl sich mein Menschliches dagegen sträubt. In meiner Tiefe ist ein stilles Wissen davon, dass ihr Erdenschicksal ihrer frei angenommenen Aufgabe entsprach.

Die Frage des freiwillig oder unfreiwillig angenommenen Erdenlebens ist so tiefgehend, dass sie für mich – solange ich unter der vom Erkennen trennenden Nebelschicht lebe – wahrscheinlich unbeantwortet bleiben wird.
Solange bin ich auf meine Ahnungen und unbeweisbare innere Gewissheit angewiesen. Doch diese unbeweisbare Gewissheit gibt meinem Leben Halt, In-halt und Sinn.

In den siebzehn Monaten der Gespräche waren es Momente von unvergesslicher Intensität, wenn sich hie und da die mich einhüllende Nebeldecke öffnete und ich hell beleuchtet neue Perspektiven «ent-deckt» vor mir sah. Nur zu bald aber schloss sich der Nebel wieder und in solchen Augenblicken empfand ich meine Unwissenheit schmerzhafter denn je.
Seitdem sind schon Jahrzehnte vergangen, aber das Gefühl, dass neue, *schon* zu entdeckende Möglichkeiten greifbar nahe sind, hat mich nie verlassen, ebenso wie das schmerzhafte Wissen, nichts zu wissen.

XV

DIE FREUDE

Als ich etwa zwölf oder dreizehn Jahre alt war, fragte meine Mutter die eben anwesenden Kindern, was ein jedes wohl werden wolle... Arzt, Entdecker, Ingenieur. Als die Reihe an mich kam, antwortete ich spontan und voller Gewissheit: «Ich werde den Menschen zeigen, wie sich zu freuen.» Dann vergass ich es.
Dreiundzwanzig Jahre später wurde diese Kindheitserinnerung wieder lebendig, als der Engel sagte:

NUR IN DER FREUDE BIN ICH GEGENWÄRTIG. [40]
DIE FREUDE IST DIE NEUE SCHWINGUNG,
DIE NICHTS ALTEM GLEICHT. [163]

Ich fragte mich, woran ich diese neue Schwingung erkennen könnte. Ihr Unterschied von der alten Freude wurde mir klar, als Hanna zwei erläuternde Schemas skizzierte:

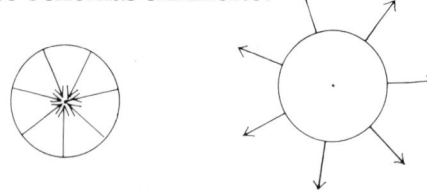

Die erste Zeichnung zeigt die *ich-bezogene* Freude des Geschöpfes, das alles in seinen Lebenskreis *einsaugt*.
Es ist die *endliche* Freude.
Die zweite zeigt die *allbezogene* Freude des schöpferisch gewordenen Menschen, der alles über seinen Lebenskreis *hinausstrahlt*.
Es ist die *unendliche* Freude.

DIE FREUDE

Die Freude des ersten Kreises ist begrenzt, die des zweiten ist unbegrenzt und unmessbar. Aber eine jede ist wichtig auf dem ihr angewiesenen Platz.
Das «in-sich-Aufnehmen» – sei es Nahrung, Sauerstoff, neue Lebenskraft – ist ja eine Vorbedingung zum Ausstrahlen. Aber ich spürte, dass in dieser ersten Zeichnung auch eine Gefahr dargestellt war: das *masslose* Alles-in-sich-Aufnehmenwollen, das selbstbezogene, ausschliessliche Einsaugen.
Eines Nachts liess ich alle möglichen Freuden vor meinen Augen vorbeiziehen und musste einer jeden – wenn ich ganz aufrichtig sein wollte – sagen: «Auch du gehörst noch zu den «eingesogenen» Freuden. Selbst die sublimsten Freuden wie der Anblick der herrlichen Bergwelt, der eines Kunstwerkes, das Geniessen musikalischer Meisterwerke, all das schien mir noch «eingesogen», wenn auch schon eine Vorstufe zur «ausstrahlenden» Freude.
Ich glaubte, dass wir diese strahlende Freude nur ganz selten zu leben vermögen. Da wiesen die Engel darauf hin, dass sie *ständig* durch uns strahlen könnte. Im Gegensatz zu der durch Jahrhunderte gelehrten, alltäglichen Erforschung unserer Sünden gaben die Engel uns das Mass zur Erforschung unserer Freude:

DAS MASS IST ERST VOLL,
WENN SICH ALLES UM EUCH FREUT. DAS IST MÖGLICH.
GLAUBT IHR ES NICHT, SO GLAUBT IHR NICHT AN *IHN*.

Frage ich mich abends, ob alles um mich – Gegenstände, Pflanzen, Tiere, Menschen – sich freute, so habe ich das genaue Mass, ob ich die Freude nur «einsog» oder auch «ausstrahlte.» Ich verstand nun diese neue Schwingung, die Freude, viel besser. Da aber zeigten mir die Engel, dass die wahre Freude nie verstanden und erklärt werden kann:

ALLES HAT SEINE ERKLÄRUNG.
DIE FREUDE HAT KEINE ERKLÄRUNG.

DIE FREUDE

WIR KÖNNEN NICHT SAGEN, WARUM WIR UNS FREUEN
UND DENNOCH IST FREUDE UNSER DIENST.
WAS IHR ERHÄLT, IST FREUDENQUELLE
FÜR FREUDENLOSE. [158]

Das «Warum» gab mir den Schlüssel zu einem neuen Verständnis. Ich freue mich *über* die schöne Bergwelt. Ich kann das «Warum» dieser Freude erklären. Sie hängt von etwas ab. Die Freude der Engel aber ist frei. Sie ist unerklärlich, sie ist sonnenhaft. Die Engel *sind* die Freude selbst und ihr ständiges, bedingungsloses Ausstrahlen entspricht ihrer göttlichen Natur.

Als ich einmal, zu Beginn der Gespräche, meinen Lehrer mit grosser Freude erwartete, sagte er:

DEINE FREUDE ERLEICHTERT MIR DAS HIERSEIN. [48]

Ich erinnere mich gut an diesen Tag. Ich war mir gewiss, dass mein Engel kommen werde und so war ich unbesorgt.
Meine Freude gab mir ein unglaublich leichtes Lebensgefühl. Das entsprach – wenn auch in geringem Masse – dem Lebenselement der Engel, und so musste er nicht mehr, wie bisher, in das ihm so fremde, wässrig schwere Element meiner Minderwertigkeitsgefühle tauchen, um mich erreichen zu können. Ich fragte mich, wie ich meinerseits die sonnenhafte Freude des Engels erreichen könnte. Sie schien mir so weit weg, dass mein Meister mich wahrscheinlich deshalb eines Besseren belehrte:

NICHT *DU* WIRST DICH FREUEN,
SONDERN ALLES, WAS DICH UMGIBT:

DIE FREUDE

GEGENSTÄNDE, MENSCHEN, ARBEIT, AUFGABE,
ALLES FREUT SICH – DU ABER NICHT,
DENN DEINE FREUDE WIRD *EINS* SEIN
MIT DER FREUDE DES *VATERS*. [189]

Da seufzte ich kleingläubig auf: «Wenn es nur schon möglich wäre!» Mein Meister aber konstatierte in selbstverständlichem Tonfalle:

SCHON JETZT IST ES MÖGLICH UND NICHT MORGEN! [189]

Der Engel zeigte uns den Weg zur strahlenden Freude des schöpferischen Menschen. Ja, er zeigte uns den Weg, wie wir selbst zu dieser Freude werden können:

DEIN WEGWEISER IST DIE FREUDE.
NUR AN EINEM ORT KANNST DU SIE FINDEN:
JENSEITS DER PERSON. [100]

Die Person und ihre natürliche Freude ist nicht ausgeschlossen – im Gegenteil – sie ist miteinbezogen, aber sie wird durchdrungen und verklärt von der göttlichen Freude.

DIE FREUDE ENTSTEHT DURCH DIE ZWEI VEREINT.
WENN DU DAS NEUE SUCHST,
SO VERLIERT SICH DAS ALTE NICHT,
DENN ES IST EINES DER BEIDEN. [174]

Es wurde mir gegeben, die sonnenhaft strahlende Freude der Engel erleben zu dürfen. Ich kann darüber nichts aussagen... menschliche Worte sind zu arm.
Eines aber kann ich mit Gewissheit sagen: Die menschliche Freude ist eine unerlässliche Vorstufe zum Erleben göttlicher Freude.

XVI

DER HEILIGE MANGEL

Es ist mir aufgefallen, dass unter den vielen Briefen, die ich von den Lesern erhalte, nie ein Echo auf das kurze, aber sehr bedeutsame Gespräch über den Mangel zu finden ist. Vielleicht, weil der Gedankengang dieses Gespräches etwas ungewohnt und daher nicht gleich verständlich ist?

Als der Engel vom Mangel zu sprechen begann, erkannte auch ich nicht gleich, welch wesentliche Bedeutung ihm zukam. Im Gegenteil, ich dachte mir ohne jede Begeisterung: «Ich habe unzählige Mängel – warum darauf zurückkommen? Sagte mein Meister uns nicht, dass wir uns vielmehr dem Positiven zuwenden sollen?»

Wieder einmal hatte ich mich geirrt. Das Thema des Mangels wurde zu einem der Positivsten aller Gespräche, denn es wies auf unser Ganzwerden hin:

SUCHE DEN MANGEL IN DIR
UND DU WIRST GANZ. [343]

Das tönte zuerst paradox. Wie sollte ich durch das mir Fehlende ganz werden?
Da kam mir zum besseren Verständnis ein Bild zur Hilfe, das Bild eines leeren Bechers. Ein leerer Becher erhält seinen Sinn erst durch den ihn füllenden Trank. Der Mangel an Fülle aber zieht die Erfüllung an. Ich entdeckte, dass gerade das Fehlende, das Fehlerhafte, der Mangel die ganzmachenden Kräfte herbeiruft. Diese Entdeckung war befreiend.

DER HEILIGE MANGEL

So ist auch der mangelhafte Mensch berufen, zum Gefäss des göttlichen Trankes zu werden.

DER ERKANNTE MANGEL IST KEIN MANGEL MEHR. [225]

Ich sah, dass erst durch mein Bewusstwerden über das Fehlende die ganzmachenden Kräfte angeregt werden. Schon oft hatte ich eine verzehrende Sehnsucht nach etwas mich Ergänzendem gefühlt. Jetzt erkannte ich, dass es gerade dieses Gefühl der Unvollständigkeit ist, das die ganzmachenden Kräfte anzieht, und dass es von entscheidender Wichtigkeit ist, Bewusstheit über das mir Fehlende zu erlangen.

Früher war uns gesagt worden, dass der Engel als «vollkommenes Vorbild im Lichte» alle uns mangelnden Kräfte enthält und daher berufen ist, uns *ganz* zu machen.

Der Engel kann aber ohne Bitte nicht geben. So begriff ich, dass der erste Schritt zur Wandlung das *Erkennen* des Mangels ist, der zweite die *Bitte* um seine Erfüllung. Beide Schritte gehören zusammen.
Um etwas, das noch unklar und verschwommen ist, konnte ich ja nicht bitten. Ich musste fähig werden, meinen Mangel in klaren Worten auszudrücken, denn nur so konnte ich um seine Erfüllung bitten.
Eindringlich wurden wir zum Bitten aufgefordert:

WERDET NICHT MÜDE, IMMER WIEDER ZU BITTEN.
OHNE BITTE KÖNNEN WIR NICHT GEBEN.
FRAGEN UND BITTEN SIND ZEICHEN DES MANGELS.
OHNE MANGEL IST KEIN PLATZ ZU GEBEN. [202]

Die Kraft der Bitte war für mich etwas Geheimnisvolles. Nur wenn ich meine Mangelhaftigkeit bis in die Zellen meines

Körpers erlitten hatte, konnte ich jeweils auch mit jeder Zelle um seine Erfüllung bitten.

JEDE KLEINE ZELLE BETET.
DAS GEBET EINER JEDEN VEREINT –
IST DAS WAHRE GEFÜHL. [44]

Eine vage, nur gedachte Bitte wäre unwirksam gewesen. Ich musste als *ganzer* Mensch bitten.

Zu Beginn der Gespräche hatten wir jeweils eine Woche Zeit gehabt, um unsere Eindrücke auszutauschen und Nichtverstandenes gemeinsam zu klären. Am Ende des Gespräches über den Mangel aber warnte uns der Engel davor, über unseren wesentlichen Mangel mit den anderen zu reden:

SPRECHT NICHT ÜBER DEN MANGEL:
SELBST UNTER EUCH SEI ER EIN GEHEIMNIS. [343]

Da verstand ich, dass die Erfüllung des Mangels ein intimes, heiliges Geschehen in uns ist. Es ist das Geheimnis des individuellen Menschen, der sein Ganzwerden erlebt. Nur er selbst kann und darf um dieses geheime Geschehen wissen. Er teilt es allein mit der göttlichen, ganzmachenden Kraft.

Es ist die Liebesvereinigung von Himmel und Erde, von Geist und Materie, von Schöpferischem und Geschaffenem im Menschen.
Es ist ein Erlösungsakt, denn der Mensch wird durch ihn von seiner Halbheit erlöst.
Ich begriff nun gut, warum uns der Engel davor gewarnt hatte, den erkannten wichtigsten Mangel unserer selbst den anderen mitzuteilen. Es gibt innere Erlebnisse, die jenseits des Sagbaren sind. Ihre Numinosität aber ist meist so beglückend,

DER HEILIGE MANGEL

dass ich sie gleich mit Freunden teilen möchte, obwohl eine kleine Stimme mich davor warnt. Spreche ich dennoch davon, so verliert das Erlebnis schon während des Erzählens seinen geheimnisvollen Glanz. Ich stehe verarmt, enttäuscht und leer da und frage mich, warum ich das Unsagbare dennoch sagen musste.
Anstatt etwas zu übermitteln, habe ich nur etwas preisgegeben.
So habe ich gelernt, auf die kleine Stimme zu hören, die genau weiss, was sagbar ist und was nicht.

Nie gaben wir den Gesprächen Namen, aber hier machten wir eine Ausnahme.
Das neue, positive Verständnis des Mangels war so erleuchtend, dass wir dieses Gespräch nur als das Gespräch vom «heiligen Mangel» erwähnten.

Bei einer Begegnung mit Lesern wurde ich gefragt, warum wir diesen Mangel «heilig» nannten. Deshalb will ich dies hier etwas ausführlicher erläutern.
Jeder von uns ist ein sich nie wiederholender Gedanke Gottes. Also wiederholt sich auch unser Mangel nie: er ist intim individuell. Er ist wie ein einzigartiges leeres Gefäss, das seine ebenso einzigartige Erfüllung anzieht.
Dieses Ganzwerden ist die intimste, heiligste Liebesvereinigung des Göttlichen mit dem Menschlichen in uns. «Heilig» ist ja verwandt mit heilen, ganzwerden. Deshalb ist eigentlich nicht der Mangel an sich «heilig», aber das, was er bewirkt – der Akt der Erfüllung – ist es.

XVII

DER KURZE TRAUM UND DER LANGE TRAUM

Alles, was zum Traum gesagt wurde, bleibt geheimnisvoll. Hier bedauerte ich tief, dass der Engel uns immer nur «zur Hälfte» antwortete, und dass wir die andere Hälfte selbst zu finden hatten.

Das Traum-Thema ist so komplex, dass es schwer ist, sich darin zurechtzufinden. Der Engel nannte nämlich nicht nur die Bilderfolge, die wir jede Nacht im Schlafe erleben, «Traum». Er nannte die lange Bilderfolge, die wir zwischen Geburt und Tod erleben – also unser irdisches Dasein – ebenfalls «Traum». Ja, er ging noch weiter: Jeder Seinszustand – ausser dem Göttlichen – wurde auch als «Traum» bezeichnet.

Um mich orientieren zu können, nannte ich die *unzähligen* Träume, die wir nach dem allabendlichen Einschlafen bis zum morgendlichen Erwachen haben, die «kurzen Träume». Den *einen* Traum aber, der von der Geburt bis zum Tod dauert und unser Dasein umfasst, nannte ich den «langen Traum».

Zu Beginn der Gespräche erschienen in meinen «kurzen Träumen» oft Bilder, deren Bedeutung mir nicht klar war. Mein innerer Lehrer erklärte mir geduldig ihren verborgenen Sinn, und ich war begeistert von dieser tiefgehenden Traumdeutung.
Leider dauerte aber die Interpretation meiner «kurzen Träume» seitens des Engels nicht lange. Ich selbst hätte nie so treffende Erklärungen finden können und gab deshalb nach

und nach den Versuch auf, *selbst* nach dem möglichen Sinn meiner Träume zu suchen. Das war auch viel bequemer. Aber es war fatal. Als ich wieder einmal um eine Traumdeutung bat, erhielt ich die trockene Aufforderung, den Sinn meiner Träume *selbst* zu suchen. Ich hatte meine Selbständigkeit vernachlässigt, und das bedeutete das bedauerliche Ende meiner Traumanalysen seitens des Engels.

Wie aber interpretiert der Engel den «langen Traum»?
Und warum nennt er unser irdisches Dasein «Traum»?

ALLES, WAS IHR JETZT TUT,
IST TRAUMTAT, IST TRAUMGEDANKE. [118]

Dass unsere Lehrer das alltägliche, irdische Dasein, dessen Wichtigkeit sie immer wieder neu betonten, einen «Traum» nannten, war mir anfangs unverständlich.
Bald aber begriff ich, dass die Wertung unseres irdischen Daseins als «Traum» nicht heisst, dass es unwichtig ist, sondern unseren geringen Grad an wacher Bewusstheit bezeichnet. Wir tragen durch unsere Unbewusstheit zum «Traum»-Dasein bei.
Ein bewussteres Wachwerden bedingt aber nicht, dass wir uns von diesem «Traum-Dasein» abwenden. Es kann im Gegenteil nur dann erreicht werden, wenn wir diesen «Traum» *ganz* annehmen und *ganz* durchleben.

DIE BILDER DES IRDISCHEN TRAUMES
SIND NUR HÜLLEN
FÜR SEINEN VERBORGENEN SINN.
DAS ERWACHEN ABER FINDEST DU
NUR *INNERHALB* DIESES TRAUMES. [61]

DER KURZE TRAUM UND DER LANGE TRAUM

Das gab mir festen Boden unter den Füssen. Diese Worte schienen mir zu bedeuten, dass in unserem vollgelebten Alltag der Sinn des Daseins verborgen ist, und dass er nichts anderes ist, als eben das Erlangen wacher Bewusstheit.

Als der Engel von unserem Dasein wie von einem Traum sprach, hatte ich zuerst an den Maya-Begriff des Ostens gedacht, der impliziert, dass das irdische Leben etwas Nicht-Seiendes und zu Ertragendes sei.

Gerade das Gegenteil aber lehrten unsere Engel. Statt eines zu überwindenden Übels ist das irdische Dasein in ihrer Sicht eine *einzigartige* Gelegenheit, zu vollständigerem Bewusstsein zu gelangen und im Lichte des Erkennens aufzuwachen.

Sie zeigten uns, dass das Träumen geradezu unerlässlich für das Erwachen ist:

DAS UNGEBORENE KIND
TRÄUMT IM MUTTERLEIB VOM TAGESLICHT.
TRÄUMTE ES NICHT,
SO KÖNNTE ES NICHT ANS TAGESLICHT KOMMEN.   [118]

Ohne den Traum vom Tageslicht würde das Kind nicht einer neuen Seinsweise zustreben. Nun verstand ich, dass auch unser «Traum-Dasein» die aktive und reale Vorbereitung auf eine neue Wirklichkeit ist. Wir erleiden den «Erden-Traum» nicht, sondern wir formen ihn im positiven oder negativen Sinne. Was wir träumen, kann Wirklichkeit werden.

TRÄUMT IMMER SCHÖNERES UND SCHÖNERES,
DENN ALLES WIRD WIRKLICHKEIT.
JEDER TRAUM WIRD ERFÜLLT.
AUCH DER TRAUM IST VORBEREITUNG.   [118]

Allmählich begriff ich, dass aus der Perspektive des Engels alles Traum ist. Jede Bewusstseinsstufe ist Traum, erst dumpf und dicht im Stein, dann sich lichtend in der Pflanze, im Tier, im Menschen. Die Engel aber gingen weiter:

JEDES SEIN – NICHT BLOSS DAS EURE –
IST NUR TRAUM.
SICH LICHTEND, IMMER MEHR LICHTEND,
ABER DENNOCH TRAUM. [60]

Als «Traum» definiert wurde so nicht nur die Bewusstseinsstufe der Geschöpfe, sondern ebenso die der geistigen Wesen. Ihre «Träume» sind uns unvorstellbar lichte Träume, aber dennoch Träume.
Wo aber war dann das Erwachen?

DAS EINZIGE ERWACHEN IST IN *IHM*. [60]

So wurde mir im Laufe der Gespräche bewusst, dass das Erwachen nicht in den immer lichteren Höhen des Geistes zu finden ist, sondern im GANZEN, in der Mitte, in *IHM*. Dort einen sich die materiellen, körperlichen und die geistigen Lebensströme im ganz gelebten Leben. Ihr Zusammenfliessen in der Mitte bewirkt das ERWACHEN.

Das scheint mir der verborgene Sinn des Erden-Traumes zu sein, den jeder Mensch nur auf seine individuelle Art verwirklichen kann.

Aber vieles blieb zunächst weiterhin schwer verständlich.
So sagte der Engel einmal:

DU WIRST GETRÄUMT [39]

und:

DER KURZE TRAUM UND DER LANGE TRAUM

DU LIEGST IM ALL UND SCHLÄFST
BEWEGUNGSLOS UND RUHIG.   [118]

Das beeindruckte mich tief und lange, sehr lange suchte ich den verborgenen Sinn dieser Worte. Wer träumt mich? Und warum?

Ist es mein göttlicher Teil, der durch den Erden-Traum grösserer Bewusstheit zustrebt? Ist es möglich, dass das Göttliche durch das Menschliche sein Bewusstsein erweitert – so wie das menschliche Bewusstsein erst durch die göttliche Dimension ganz wird? Dieses klare Wort der Engel könnte darauf hinweisen:

WIR DURCH *IHN* – UND *ER* DURCH UNS.   [258]

Viele Fragen, die aus der Konfrontation mit den Engelworten entstanden, blieben unbeantwortet.
Leider scheint es mir mehr als wahrscheinlich, dass ich die klare Antwort darauf erst im Moment des Erwachens vom «irdischen Traum» finden werde.

Bis dahin aber muss ich eine grosse Gefahr vermeiden: Die Identifikation mit dem Erden-Traum! Die Engel zeigten sie uns klar, inmitten der Greuel der Judenverfolgung:

FLIEHET NICHT! SELBST NICHT ZU UNS!
NEHMT IHR DEN TRAUM ALS WIRKLICHKEIT,
SO WIRD ER IMMER DICHTER.   [277]

Wir *durften* den Schrecken des Krieges nicht entfliehen und mussten den brutalen Überlebenskampf bis zum Ende durchstehen – aber es wäre fatal gewesen, wenn wir dieses Geschehen als die *ganze* Wirklichkeit genommen hätten.

So sah ich immer deutlicher, dass es unsere Bestimmung war, durch die Erfahrung unseres einzigartigen Lebens zur Bewusstheit der GANZEN Wirklichkeit zu erwachen.

Damals schien mir «Erwachen» etwas Plötzliches und Endgültiges zu sein. Ein Wort des Engels aber gab mir eine neue Sicht:

JEDER SCHRITT ZU *IHM* IST EIN ERWACHEN. [60]

So wurde «Bewusstwerden» zum Begriff eines nie endenden Erwachens.

XVIII

DAS MÖGLICH GEWORDENE UNMÖGLICHE

Sprachen die Engel vom Glauben, so verlor dieses Wort den üblichen Beigeschmack der mehr oder weniger intellektuellen Bejahung einer Konfession. Es erhielt seinen ursprünglichen Sinn wieder: Unser Glaube kann bewirken, dass Unmögliches möglich wird.

Als Lili einmal fragte, ob jedermann seinen geistigen Lehrer habe, antwortete der Engel:

NEIN. WIR SIND AUS GLAUBEN. ALLEIN AUS GLAUBEN.
WER GLAUBT – DEM SIND WIR.
GLAUBST DU, DASS ICH EINE STIMME HABE –
SO KANN ICH SPRECHEN.
GLAUBST DU ES NICHT – SO BIN ICH STUMM.
GLAUBST DU, ICH WÄRE DU – SO WERDE ICH DU.
DER GLAUBE IST *SEINE* KRAFT. [127]

Einmal wollte mich eine Dame durch einen wohlüberlegten, verstandesmässig gut aufgebauten Einwand überzeugen, dass die Engel ja dann nur Produkte unserer eigenen Einbildungskraft seien.
Ich erwiderte ihr, dass in diesem Falle auch sie – so wie sie mir leibhaft gegenüber sitze – nur das Produkt meiner Einbildungskraft sei. Hätte sie nur ein einziges Mal die belebende und oft erschreckende Realität des Engels erlebt, so hätte sich ihr Einwand erübrigt.

DAS MÖGLICH GEWORDENE UNMÖGLICHE

Würde sie aber das Erleben der Wirklichkeit des Engels unvoreingenommen für möglich halten, so könnte er auch für sie zu einer Realität werden.

Die Engel verlieren ihre eigene Wirklichkeit nicht, wenn wir nicht an sie glauben, aber sie können nicht zu *unserer* Wirklichkeit werden, wenn wir uns ihnen verschliessen.
Sie können nur dem Lehrer sein, der an sie zu glauben bereit ist.

Ich habe oft erfahren, dass das kleinste «für-möglich-Halten» ein Leben von Grund auf ändern kann. Unsererseits ist nur eine kleine Geste nötig, wie etwa das leichte Drücken auf den elektrischen Schalter, und das dunkle Haus wird von Licht überflutet. Aber ohne das kleine «für-möglich-Halten» bleiben wir im Dunkeln.

Wir wurden lange auf das schon mögliche Unmögliche vorbereitet. Als Lili einmal sagte, eine grössere Freude als die, in der Gegenwart ihres Engels zu leben, sei *unmöglich,* zerbrach die Antwort ihres Lehrers alle von uns gesetzten Grenzen der Möglichkeit.

NICHTS IST UNMÖGLICH!
UNMÖGLICHES GIBT ES NICHT!
DAS UNMÖGLICHE EXISTIERT NICHT.
ALLES IST MÖGLICH. [147]

Einen Monat später, als der «Messende» Engel zum ersten Male zu uns sprach, hatte ich wieder das Gefühl, dass er in uns Mauern niederriss, die uns bis dahin unnötig gefangen hielten.

GLAUBT NICHT, DASS ES UNMÖGLICHES GIBT!

DAS MÖGLICH GEWORDENE UNMÖGLICHE

DAS MÖGLICHE IST DAS GESETZ DER SCHWERE –
DAS UNMÖGLICHE IST DAS GESETZ DES NEUEN.

ERSTARRTE VÖGEL, DASS GEFÄNGNIS IST OFFEN
UND IHR WAGT NICHT ZU FLIEGEN.
ICH SCHRECKE EUCH AUF
DAMIT IHR FLIEGET. [191]

Gegen das Ende der Gespräche, als der Rassenmord furchtbare Ausmasse annahm, sprach der Engel wieder mit derselben lodernden Intensität, die uns aus unserer Benommenheit aufrüttelte:

SEID NICHT SCHWACH! FÜRCHTET NIEMANDEN!
ES GIBT NICHTS ZU FÜRCHTEN!
IN EUCH WOHNT DAS HEILIGE, ALLMÄCHTIGE WORT:
DAS MÖGLICHE.
ALLES IST MÖGLICH,
HABT IHR NUR SOVIEL GLAUBEN WIE EIN SENFKORN. [346]

Hier hatte die Glut des Engels sich in ein einziges Wort konzentriert, in das «Mögliche» – und das wirkte zündend. Begriffe wie das «fügsame-sich-Ergeben» oder das «Annehmen-der-Fatalität» zerfielen.

Ich war für das «Unmögliche» offen geworden. Bald sollte ich dies auf eine überzeugende Weise bestätigt sehen.

Wird von Inspiration geredet, so denkt man im allgemeinen an Heilige, an begnadete Künstler oder grosse Wissenschaftler. Sie alle werden durch das Licht der Inspiration in neue, helle Dimensionen geführt.

Ich hingegen erfuhr das Gegenteil. Ich wurde von der «Inspiration» in die dunkelsten Regionen der Menschheit geführt, in die Schicht, wo die Idee des politischen Rassen- und Massenmordes zu Besessenheit und blutiger Wirklichkeit ausartete. Das war, als mir einfiel, ich könnte die deutschen Nazis – die SS-Soldaten – als unsere Beschützer gegen die ungarischen Nazis gewinnen. (E)
Kann ein menschliches Gehirn etwas so Absurdes, etwas so Unmögliches ersinnen, wie dies: Als Retter jüdischer Frauen und Kinder gerade die unerbittlichsten Vernichter eben dieses Volkes zu wählen?

Als mir aber diese Idee «ein-gegeben» wurde, zweifelte ich keinen Augenblick lang an ihrer Ausführbarkeit. Jeder normale Mensch hätte mich als vollkommen verrückt erklärt. Ich aber fühlte die Möglichkeit und unternahm ohne das geringste Bedenken alle nötigen Schritte, damit sie Wirklichkeit werde.

Und das Unmögliche wurde möglich. Etwa hundert Frauen und Kinder wurden durch deutsche SS-Soldaten vor der Deportation gerettet und blieben alle am Leben.

Meines Wissens ist dieses Ereignis einer der wenigen Lichtblicke in der dunkeln Geschichte der deutschen SS.

Seitdem bin ich dankbar und offen für Inspirationen, die nicht nur in die lichten Regionen des Geistes führen, sondern ebenso in die irdische Dunkelheit, zur Bewahrung und Förderung des Lebens, das heilig ist.

IXX

DAS ENTSCHEIDENDE WORT

Ich war ein ungestümes Kind und ersann oft Lügen, um langweiligen, häuslichen Beschäftigungen zu entschlüpfen und mich frei in Wald und Wiesen herumtummeln zu können. Wir wohnten damals auf dem Land, in einem alten Barockgebäude, ohne Elektrizität, wo Kerzenlicht und Petroleumlampen das naturhafte Erleben der einbrechenden Nacht noch verstärkten. In diesen Dämmerstunden liebte ich es, meinen Spielgefährten grauenhafte Berichte über eine, natürlich von mir erfundene, in den Wäldern sich herumtreibende Räuberbande zu erzählen. Diese Gruselgeschichten ersann ich allabendlich mit Vergnügen, nur um meinem Bruder und den Kusinen Schreckensschauer einzuflössen.

Was beim Kind die Freude am Erfinden war, wurde aber im Laufe der Jahre zur Gewohnheit der «kleinen Lügen». Auch als Erwachsene nahm ich es mit der Wahrheit nicht sehr genau.

Mit sechsunddreissig Jahren brach dieses verantwortungslose Spiel mit den Worten plötzlich ab. Das war, als der Engel von der schöpferischen Macht des Wortes und der verderbenden Kraft der Lüge sprach:

WAHRES WORT ERHEBT...
FALSCHES WORT BEGRÄBT.
NUR *SEIN* GEGEBENES WORT IST WAHR.
WER MEHR SPRICHT – VERGEUDET. [269]

DAS ENTSCHEIDENDE WORT

Ich entdeckte unangenehm überrascht, dass mein «harmloses» Lügen gar nicht so harmlos war. Erstens schloss ich mich von der Möglichkeit aus, das Wort schöpferisch gebrauchen zu können und zweitens richtete sich mein Lügen gegen mich selbst:

VERDIRB DAS WORT NICHT,
DENN VON DER HÖHE DES MUNDES AUS
SICKERT DAS UNERLÖSTE,
FALSCHE, SCHLECHTE, HINUNTER,
VERDIRBT DIE DREI UNTEREN STUFEN,
UND DAS IST DIE KRANKHEIT. [95]

Das Wesen des Minerals, der Pflanze und des Tieres ist auch in mir enthalten und ich selbst kann es durch die Lüge verderben.
Hie und da, wenn ich plötzlich meine unglaubliche Unwissenheit entdeckte, erschrak ich: Ich hatte sechsunddreissig Jahre lang, ohne die tiefgehende Wirkung des Wortes auch nur im geringsten zu ahnen, verantwortungslos mit seiner schöpferischen Kraft gespielt.

DAS WORT ERSCHAFFT – ES KONZENTRIERT.
ACHTE AUF DAS WORT! DAS WORT BAUT AUF. [229]

DAS WORT IST HEILIGTUM, VIERTE OFFENBARUNG.
DAS WORT IST BRÜCKE ZWISCHEN MATERIE UND GEIST.
NUR DER MENSCH SPRICHT.
AN *SEINER* STELLE SPRICHT ER. [95]

In der ganzen Schöpfung ist das Wort nur uns Menschen gegeben! In einen bodenlosen Abgrund hatte ich bisher Millionen von nichtssagenden Worten geworfen. Hatte ich auch nur ein einziges Wort an *SEINER* Statt gesprochen?

DAS ENTSCHEIDENDE WORT

Nur der Mensch spricht. Das weiss jedermann, auch ich hatte es gewusst. Aber dieses Wissen um die Einzigartigkeit des Menschen war grau, flach und leblos gewesen.
Jetzt aber war ich gezwungen, konkret einzusehen, wie sehr auch ich mit meinem achtlosen Gebrauch zur Entheiligung des Wortes beigetragen hatte.
Diese Profanierung gipfelt meines Erachtens in der destruktiven Wirkung verblödender und betäubender Propaganda. Jedes Mal, wenn politische Propagandareden im Radio erschallten, wandte ich mich mit beinahe körperlichem Ekel davon ab. Nun sah ich, dass auch meine «harmlosen» Lügen die zerstörerische Kraft dieser Slogans genährt und gemästet hatten, denn *jede* Lüge verstärkt den «Vater aller Lügen».

DER BÖSE IST DER VATER ALLER LÜGEN.
DIE LÜGE LOCKERT AUF, ZERBRÖCKELT.
NICHT DIE GEWALT ZERSTÖRT DIE MAUERN,
SONDERN DIE LÜGE.   [71]

Unsere Lehrer liessen uns nicht nur die zerstörerische Macht des Wortes erleben, sondern ebenso seine aufbauende Wirkung. Sie gaben uns zum Beispiel äusserst wirksame, kleine Sprüche. Während der Gespräche erkannten wir sie sofort an ihrer knappen rhythmischen Form und an dem Eindruck, den sie auf uns ausübten.
Ich staunte, als uns so ein kleines Sprüchlein das menschlich-göttliche Gleichgewicht der wahren Tat offenbarte:

WIR DURCH *IHN* – UND *ER* DURCH UNS.   [285]

Sprach ich diese Worte aus, bevor ich eine Tat begann, so wurde sie leicht, richtig und wie von selbst getan. Oft kamen mir die Dinge, die Umstände, wie freiwillig entgegen, um sich der Tat zu einen. Hinterliess mir aber eine Tat einen etwas öden, faden Nachgeschmack, so konnte ich sicher sein, *nichts* ausgesprochen zu haben.

SPRECHT IHR AUS: «ES SEI!» – SO WIRD ES SEIN.
SPRECHT IHR NICHTS AUS – SO WIRD NICHTS SEIN. [229]

Ich bin verantwortlich für das, was ich ausspreche, und ebenso für das, was ich nicht ausspreche.
Ich begann die Kraft des Wortes in den kleinsten Dingen des Alltags auszuproben. Spüre ich zum Beispiel eine Grippe kommen, kalte Schauer über meinen Rücken laufen und ein typisches Brennen in den Augen, so rede ich meinen Zellen aufmunternd zu: «Passt gut auf! Wehrt euch mit allen euren Kräften!» Und die Zellen, *genährt* von der Kraft des Wortes, können sich so besser verteidigen. Das habe ich oft erprobt.

Gegen das Ende der Gespräche forderte uns der Engel auf, ein entscheidendes Wort klar auszusprechen, indem er fragte:

WOLLT IHR TUN... ODER *ER* DURCH EUCH?

Und als wir antworteten: «Nur durch *IHN*» gab uns der Engel folgende Erklärung:

DAS WORT ERSCHAFFT.
ZURÜCKTRETEN IST NICHT MEHR MÖGLICH.
ES IST VOLLBRACHT.
IHR HABT GEWÄHLT. [328]

Wir hatten den Entscheid laut auszusprechen, weil so der ganze Mensch – das Gemüt, die Stimme und die Organe – miteinbezogen sind und «mitsprechen». Durch diese körperliche Resonanz wird die Kraft der Entscheidung verstärkt.

DAS ENTSCHEIDENDE WORT

Ich wusste wohl, dass das freie Entscheiden unsere Individualität stärkt, auf die die Engel so grossen Wert legen, aber ich ahnte noch etwas Wesentliches dahinter.

Erst viele Jahre später entdeckte ich die unglaubliche Wirkungskraft des entscheidenden Wortes. Ich lebte schon in Paris, als ich vor einem Entscheid von grosser Tragweite stand. Nicht nur mein eigenes Schicksal war in Frage gestellt, sondern auch das von mehreren mir nahestehenden Menschen.
Jeden Tag schob ich feige die Entscheidung hinaus, in der Hoffnung, dass günstige äussere Umstände statt mir entscheiden und mich von einer unerträglichen Verantwortung befreien würden.
Aber nichts geschah. Ich stand vor einer undurchdringlichen Scheidewand, die mir jeden Tag höher erschien. Der Zeitpunkt der Entscheidung aber drängte.
Ich dachte wohl an folgende Engelworte, war aber unfähig, die Entscheidung zu fällen:

SCHEIDET! ENTSCHEIDET:
HIER DAS ALTE – HIER DAS NEUE.
UND DIE SCHEIDEWAND WIRD HINTER EUCH SEIN
UND NICHT VOR EUCH.
ABER IHR MÜSST ENTSCHEIDEN. [201]

Da kam ein Abend, den ich nie vergessen könnte. Es war nach Arbeitsschluss. Ich stand dichtgedrängt wie eine Sardine in der Metrostation Invalides und wartete auf die Bahn. Eine stickige Hitze herrschte. Plötzlich hörte ich innerlich ein einziges, aber unwiderruflich strenges Wort meines Engels: «ENTSCHEIDE!»
Und ich wusste, *jetzt* muss ich entscheiden und keinen Augenblick später. Ich sprach das entscheidende Wort aus. Diesmal war es ein innerliches Aussprechen. Durch diesen

DAS ENTSCHEIDENDE WORT

Entscheid nahm ich die schwere Verantwortung auf mich, gegen alle herkömmliche Moral und Nächstenliebe zu handeln. Doch meine Entscheidung war richtig, denn wie von einem Zauberstab berührt, löste sich die Scheidewand in nichts auf und der Weg war frei. Die bedrohten Lebensumstände der mir lieben Menschen, deretwegen mir die Entscheidung so schwer fiel, wurden normal, ja, sie verbesserten sich, und mir selbst wurde eine lange, sorglose Periode gewährt, in der ich die erste Publikation der Gespräche mit den Engeln ruhig vorbereiten konnte.
So wurde mir durch ein schicksalswendendes Erlebnis ein neues Gesetz gezeigt:
Wenn meine Entscheidung dem Neuen dient, so zieht sie unwiderstehlich die zu *ihrer Verwirklichung nötigen, hilfreichen Kräfte an.*

Der richtige Gebrauch des Wortes scheint mir eine der grössten Möglichkeiten des kommenden Menschen zu sein. Ich vernahm von der einzigen Heimkehrenden aus Ravensbrück, wie belebend das ausgesprochene Wort wirken kann. Inmitten des trostlosen Dahinsiechens im Konzentrationslager drängten sich die Frauen um Hanna, da sie durch ihre Worte ein unzerstörbares Leben in sich selbst entdeckten. Aussen erlebten sie die Erniedrigung zum Niveau des Zugtieres und innen erwachten sie zum Bewusstsein ihrer Menschenwürde und ewigen Gottesähnlichkeit. So wirkt das wahre Wort.

An der klar bewussten Verantwortung für das ausgesprochene Wort erkenne ich oft den werdenden, evolutionsfähigen Menschen. Wie weit kann dieses Verantwortungsgefühl gehen? Es kann nahezu organisch werden.

Hannas Engel hatte sein Wirkungsfeld auf der vierten Lebensstufe, deren Kennzeichen das Wort ist. So ist es kein Zufall,

dass es Hannas Aufgabe war, das Wort der Engel zu vermitteln. Siebzehn Monate lang diente sie dieser Berufung. Das wahre Wort verschmolz mit ihr zu einer beinahe organischen Einheit. Sie wurde unfähig, auch nur die kleinste Lüge auszusprechen.
Selbst als sie im Konzentrationslager ihr Leben wahrscheinlich hätte retten können, da vermutet wurde, dass sie Arierin sei, konnte sie nicht anders als wahrheitsgetreu sagen:
«Nein, ich bin Jüdin.»
Sie war zum *Körper* des wahren Wortes geworden und das war stärker als die *körperliche* Angst vor der Vernichtung.

XX

DIE NEUE UNBEFLECKTE EMPFÄNGNIS

Vor den Gesprächen glaubte ich, der Begriff der «Unbefleckten Empfängnis» sei etwas dogmatisch Erklügeltes oder aber eine Metapher.
Wieder einmal hatte ich mich gründlich geirrt! Als nämlich der Engel von der «Neuen, Unbefleckten Empfängnis» sprach, wurde sie zu einem erlebbaren Geschehen, das in uns gewöhnlichen Menschen möglich ist. *Da* horchte ich gut auf.

DAS KÖRPERHAFTE WIRD ERLÖST,
HAT ES DOCH DEN SAMEN DES GEISTES EMPFANGEN:
DAS IST DIE NEUE UNBEFLECKTE EMPFÄNGNIS! [325]

Diese Worte gaben mir ein neues Verständnis. Sie schienen mir zu bedeuten, dass die unbefleckte Empfängnis *immer* dann stattfindet, wenn das Irdische, Körperhafte das Licht des Geistes empfängt und von ihm erfüllt wird.
Ist demnach nicht jede Intuition, die wir nach unserem besten Können in der Materie verwirklichen, eine unbefleckte Empfängnis? Und gibt es nicht unzählige Grade in der Intensität der Geistes-Empfängnis?
Die Engel sprachen von der unbefleckten Empfängis erst gegen das Ende der Gespräche und ich spürte eine wesentliche Wende: Ein neues, strahlendes Element trat in den Vordergrund – das *Weibliche*.

Im Rückblick sehe ich jetzt klar, wie im düsteren Jahre 1944 *allein* das männliche Element herrschte. Es hatte seinen Paroxismus in der perfekten Technik des Völkermordens erreicht.

DIE NEUE UNBEFLECKTE EMPFÄNGNIS

Das Welten-Gleichgewicht zwischen Männlichem und Weiblichem war katastrophal.
Zur gleichen Zeit aber strahlte in den Worten der Engel eine neue Kraft, das Weibliche, und wirkte im wahrsten Sinne des Wortes als *not-wendiges,* Not-wendendes Gegengewicht.
Als die Engel uns von der Licht-Materie, die sie MARIA nannten, sprachen, empfand ich ihre Worte wie einen grossen Gesang zur Verherrlichung des Weiblichen. Auch die begleitenden Bilder vermittelten uns das Gewaltige eines mythischen Geschehens. Wie schon so oft schienen sie mir Vorbilder irdischen Geschehens zu sein.
MARIA war das Vorbild der lichterfüllten Materie und von ihr ging eine ausserordentlich tröstende Kraft, eine harmonisch ausgleichende Wirkung aus.

ALTE WERTE ZERFALLEN...
WAS WESENTLICH WAR... GEHT UNTER.
ALLES, WAS WAR, ERTRINKT.
ABER ES BLEIBT DIE UNBEFLECKTE MATERIE: *MARIA.*
ZU IHREN FÜSSEN DER MOND,
IHR GEWAND DIE STRAHLEN DER SONNE.
MARIA, DAS LÄCHELN DER SCHÖPFUNG,
DAS WUNDER, DAS ÜBER DEM WASSER SCHWEBT.
IN DER MATERIE: JUNGFRAU,
IM LICHT: MATERIE.
BLENDEND WOHNT IN EUCH DIE LICHT-MATERIE. [404]

Die Wirkung, die diese eindrücklichen Bilder auf uns ausübten, ist schwer mitteilbar. Am ehesten könnte ich sagen, dass sie «Klangfarbe» hatten, die in mir ähnlich getönte Saiten erklingen liess.
In der Gegenwart der Engel kam es vor, dass ich mit allen Sinnesorganen *zugleich* wahrnahm. So «sehe-höre-fühle» ich noch heute, wenn ich an die Gespräche zurückdenke, ein stahlblaues Tönen, wenn der «Messende» von ewigen Geset-

zen sprach. Die Worte aber, die von der Liebessehnsucht zwischen Licht und Materie kündeten, sind wie ein leuchtend durchsichtiger, purpurfarbener Ton, der mich durchdringt und mit ähnlichem Sehnen erfüllt.

Es ist das Sehnen, das zur schrittweisen Annäherung in der gegenseitigen Liebesanziehung führt:

GEHEIMNISVOLLE, WUNDERBARE LEHRE:
EWIGE, UNBEFLECKTE EMPFÄNGNIS.

SIEBEN STUFEN FÜHREN ZUM EWIGEN SEIN.
SIEBEN SCHRITTE, DIE IHR SCHREITEN KÖNNT.
DIE ERSTE GEBURT IST HEIDNISCH, MATERIE.
DIE ZWEITE IST LÄUTERUNG, PFLANZE.
DIE DRITTE IST HARMONIE, HINGABE.

DIE VIERTE IST DIE GESCHMÜCKTE STÄTTE DER HOCHZEIT.

DIE DREI OBEREN STUFEN
SCHREITET DER BRÄUTIGAM HINUNTER – DAS LICHT.
WENN DER BRÄUTIGAM DIE BRAUT ERKENNT,
SO WIRD DER TOD FÜR IMMER TOT. [385]

Zu dieser Zeit war inneres und äusseres Geschehen unglaublich gegensätzlich. Aussen wütete der Tod wie nie zuvor, aber innen hatte er seine Macht verloren. Durch die *schon* mögliche Liebesvereinigung von Licht und Materie wurde der Tod wesenlos.

Um ihrer Lehre das Gleichgewicht zu geben, betonten die Engel immer mehr die weibliche Hälfte des Göttlichen im Menschen:

DIE NEUE UNBEFLECKTE EMPFÄNGNIS

Die Wichtigkeit der Hingabe, die Aufnahmefähigkeit, die Erlösung der dunkeln Materie durch das Empfangen des Lichtes, die Geburt der «weisen» Materie.

VOM HIMMEL STEIGT DIE WEISHEIT NIEDER
UND WEISE MATERIE IST DIE FRUCHT.
FRUCHT TRÄGT DIE SCHÖPFUNG:
GREIFBARES LICHT – LICHTSTRAHLENDE MATERIE. [386]

Im dreiundachzigsten Gespräch war nur von der unbefleckten Empfängnis die Rede. Es war mir, wie wenn der purpurfarbene Klang göttlicher Liebe jedes Wort durchzitterte. Ich empfand dieses Gespräch wie ein Liebes-Vermächtnis der Engel an uns Menschen, das sie uns noch vor dem Ende übergaben.

Sie sangen von der lichtdurchdrungenen Materie und ihr Lied war schon vom Aufheulen der Luftschutzsirenen begleitet.

FURCHTBARES HIMMLISCHES FEUER...
ALLES VERBRENNT UND ALLES WIRD NEUGEBOREN.
DIE JUNGFRÄULICHE, UNSCHULDIGE SCHÖPFUNG
ABER STIRBT NICHT... SIE LEBT NEU AUF. [352]

Die Engel belebten wie so oft auch in diesem Gespräch den alten Bilderschatz mythischen Geschehens mit einem neuen Sinn:

DER KOPF DES DRACHENS ROLLT IN DEN STAUB.
DAS IN SONNE GEWANDETE WEIB ABER
BRINGT DAS KIND ZUR WELT... [357]

DIE NEUE UNBEFLECKTE EMPFÄNGNIS

In der Offenbarung des Johannes wird das Kind des Sonnen-Weibes in den Himmel entrückt und verschwindet aus unserer Bewusstseins-Sphäre.

Beinahe zweitausend Jahre später aber verkündet der Engel nicht nur die Fortsetzung, sondern auch die radikale Wende des mythischen Geschehens:
Das Licht-Kind des apokalyptischen Sonnen-Weibes hatte die Erde *verlassen*, um in den Höhen des Himmels zu verschwinden. Mir scheint, dies bedeutet, dass das Bewusstsein des damaligen Menschen noch nicht reif war, den Begriff des neuen, des evolutiven Menschen zu «empfangen».
Jetzt aber kündet der Engel das Gegenteil, die erlösende Weltenwende: Der Himmel – das Licht *senkt sich nieder,* um sich für immer der Erde zu einen.

DER HIMMEL NIMMT WOHNUNG *AUF ERDEN*
VON EWIGKEIT ZU EWIGKEIT. [387]

Das Bewusstsein des heutigen Menschen ist reif geworden zur neuen «Unbefleckten Empfängnis», die zum ganzheitlichen Menschen führt.

XXI

DER RAUSCHTRANK

Wohl ein jeder von uns hat den unwiderstehlichen Liebesdrang, der zwei *Menschen* – Mann und Frau – zum Einswerden drängt, erfahren.
Der Engel aber sprach von der Liebessehnsucht, die zwei *Welten* zum Einswerden drängt:

KÖNNTET IHR DIE SEHNSUCHT DES GEWICHTES
NACH DEM LICHT ERFASSEN...
KÖNNTET IHR DIE SEHNSUCHT DES LICHTES
NACH DEM GEWICHT ERAHNEN...
DANN WÜRDET IHR DEN RAUSCH KOSTEN. [69]

Ich konnte diesen überweltlichen Liebesstrom weder *erfassen* noch *erahnen* und dennoch hatte sein Sehnen schon jede meiner Zellen durchtränkt. Der Engel ermutigte uns, den Rauschtrank dieser Liebe zu trinken:

JETZT KOMMT DER NEUE WEIN.
WERDET TRUNKEN IN GOTT! [68]

Die Worte trunkener Freude aber wurden bald zu einem dringenden Aufruf:

DER TRANK STRÖMT AUS UND ES GIBT NICHTS,
DAS IHN AUFNEHMEN KÖNNTE.
BAUT *IHM* – IHR ALLE –
EINEN NEUEN BECHER FÜR DEN TRANK! [143]

DER RAUSCHTRANK

Der Wein der Neuen Welt würde das alte Gefäss zersprengen, der Trank würde ausfliessen und vergeudet, verloren sein.
Wir mussten zu einem neuen Becher werden.
Auch da spürte ich wieder die immense Verantwortung, die wir tragen. Wir sind nicht nur für unsere eigenen Kräfte, sondern ebenso für die uns anvertrauten göttlichen Kräfte, die durch uns wirken wollen, verantwortlich.

DURCH UNS ERSCHAFFT DER SCHÖPFER EWIG *SEINEN* PLAN,
DOCH OHNE EUCH WIRD NICHTS. [281]

Nie aber wurde etwas von uns verlangt, wozu uns nicht gleichzeitig die nötige Kraft verliehen wurde.
Wir *können* also zum neuen Becher werden, der fähig ist, die Intensität des Rauschtrankes zu ertragen.

TUGEND, GÜTE, UND GUTE VORSÄTZE
SIND NUR LEERE TONSCHERBEN OHNE DEN TRANK.
DÜRSTET NACH DEM TRANK MIT UNSTILLBAREM DURST,
DENN NUR ER ERLÖST.
DEM, DER WAHRLICH UM DEN TRANK BITTET,
DEM WIRD ER GEGEBEN. [68]

Da sah ich, dass mein guter Wille, das gewissenhafte Tun, die wachsame Selbstkontrolle, alles Erlernbare, bedeutungslos ist ohne den göttlichen Trank, der all dies in eine unendlich lichte Heiterkeit münden lässt, bar aller irdischen Mühe. Der Engel hatte ja gesagt:

JEDER RAUSCH IST VORGESCHMACK DES GEWICHTLOSEN,
UND DESHALB SUCHT IHN DER MENSCH...
DOCH AUF FALSCHEM WEG. [68]

DER RAUSCHTRANK

Ich war wie in eine Region ohne Gewicht erhoben, und das war wunderbar. Aber eine leise Stimme in mir hörte nicht auf, hartnäckig das Engelwort zu wiederholen: «... auf falschem Weg! ... auf falschem Weg!»

Da nahm mich der Engel bei der Hand und nachdem er mir die lichten Höhen des Gewichtlosen gezeigt hatte, führte er mich nun in die entgegengesetzte Richtung: in die immer dichter werdenden Schichten des Erdengewichtes.

Es wurde mir gezeigt, dass der irdische Liebesrausch im Gewichtlosen nicht verloren geht und dass auch er göttlich ist.

JEDER RAUSCH IST EHRUNG GOTTES.
DER KLEINERE RAUSCH WIRD VOM GRÖSSEREN VERZEHRT, ABER LEBT WEITER IM GRÖSSEREN.
NICHTS GEHT VERLOREN.
DER RAUSCH IST DAS HEILIGSTE.   [68]

Dann wurde ich tiefer ins Irdische geführt:

WER GEWICHTLOS IST AUF ERDEN – IST WEGLOS.
DIE MATERIE, DIE IHR AUF EUCH GENOMMEN HABT,
IST DAS GEWICHT.   [68]

Nun verstand ich endlich, warum der Engel mich immer mehr der Materie angenähert hatte. Das Licht – der Geist – ist der Liebende. Das Gewicht – die Erde – ist die Geliebte.

Allein mein freiwilliges Annehmen und Durchleben des Gewichtes ermöglicht den Liebesrausch, das Einswerden von Licht und Gewicht.

DER RAUSCHTRANK

Der Engel hatte mir den einzigen Weg zur ewigen Liebe gezeigt: Nur mein Annehmen des Gewichtes kann «DIE SEHNSUCHT DES LICHTES NACH DEM GEWICHT» in mir und durch mich stillen, denn Licht sucht lichtempfängliches Gewicht. Erst dann ist Vereinigung möglich:

WENN DER LIEBENDE KOMMT,
SO GIBT DIE LIEBENDE NACH:
DIE ZWEI WERDEN EINS.
EWIGES DURCHZITTERN, EWIGE VERKLÄRUNG. [384]

XXII

DER GEDANKE

Ich erinnere mich gut, wie sich einmal während der Zeit der Gespräche ein Gedanke meiner bemächtigte und mich tagelang beschäftigte. Ich baute eine Theorie auf diesem Gedanken auf – und fand sie nicht unintelligent, ja sogar logisch aufgebaut. Ich beschloss, meinem Lehrer als Stichprobe für die Richtigkeit meiner Theorie nur eine einzige Frage zu stellen: «Wie verstärkt die Bewegung die Schwingung?»
Die nachsichtig amüsierte Reaktion des Engels beschämte mich etwas. Wie wenn ein vierjähriges Kind die Frage gestellt hätte! Auch der Tonfall der Antwort war leicht ironisch:

WELCH «*GELEHRTE*» FRAGE!
LASS DEINEN KOPF BEISEITE.
ER IST NUR DER ERSTE DER DIENER,
DU ABER BIST SEIN HERR.
AUCH DER ALLERGRÖSSTE HERR
IST NUR *SEIN* SCHEMELHALTER.

DER DIENER ZIEHT DIE KLEIDER SEINES ABWESENDEN HERRN AN UND SPIELT DEN HERRN.
KOMMT ABER SEIN HERR ZURÜCK,
SO WIRD ER BESCHÄMT. [101]

Nach dieser Antwort wurde mir klar, wie ausgeklügelt mein Gedankengebilde war und meine ganze «grossartige» Spekulation fiel zusammen.
Sonderbarerweise fühlte ich mich unglaublich erleichtert.
Alles war auf seinen rechten Platz gewiesen worden.

Leider blieb das nicht lange so. Ich begann das Verhältnis
«Diener und Herr» in bezug auf meine Gedankenwelt zu beobachten und das Resultat war nicht glänzend. Wenn ich aufrichtig sein will, muss ich gestehen, dass es auch jetzt nicht
brillant ist.

Ich versuchte nachts, wenn ich nicht schlafen konnte, dem
Strom der mich fortschwemmenden Gedanken zu folgen.
Strandete ich irgendwo, so fragte ich mich erstaunt: «*Wer* hat
sich all dieser unnützen Gedanken bedient?» Dann wieder
sah ich, wie mich die Gedanken im immer gleichen Kreise
herumtrieben. Das ärgerte mich, denn ich merkte, dass sich
diese sinnlose Tätigkeit *ungefragt* meiner Energien bediente,
um funktionieren zu können.

Lili war mit einem ähnlichen Problem beschäftigt, und ihr
Lehrer antwortete auf die Frage, was der Verstand sei, mit vier
kurzen Worten:

NUR LEITUNG – NICHT LEITER. [127]

Das war so knapp und treffend ausgedrückt, dass ich es nie
vergessen könnte.
Als ich ein anderes Mal wissen wollte, ob aus den zwei Händen verschiedene Kräfte strahlen, war die Antwort wiederum
etwas ironisch:

WISSE NICHT, SONDERN DIENE!
DANN ERKENNST DU – STATT ZU WISSEN. [171]

Ich war von dieser Zurechtweisung nicht überrascht, denn
wieder hatte ich allein mit dem Kopf gefragt.

GIB GUT ACHT!

MIT DEM KOPF SOLLT IHR KEINE PLÄNE SCHMIEDEN.
MIT DEM KOPF FÜHRT PLÄNE AUS!
DER PLAN IST BEIM *VATER*. JEDER PLAN.   [338]

Für diese praktische Anweisung war ich besonders dankbar. Wie oft hatte ich erfahren, dass ich selbst bei der Konzeption einer künstlerischen Aufgabe plötzlich wie von einem «geistigen Starrkrampf» gehemmt wurde, ohne zu wissen warum. Jetzt erst erkannte ich, dass der Verstand in diesem Falle selbstherrlich die Führung übernommen und mich recht weit von der frei sprudelnden Quelle des Schöpferischen weggeführt hatte. Der Verstand aber macht halt, wo die Intuition beginnt. Die Intuition hingegen belebt den Gedanken. Und ich erlebte oft, dass der Kopf seinen Platz in der Verwirklichung des intuitiv Erfassten hat, denn zur *Ausführung* eines Planes ist das Wirken des gut eingesetzten Verstandes unerlässlich.

Ich habe nie aufgehört, meine Gedanken etwas misstrauisch zu beobachten, insbesonders dann, wenn sie von einer starken Emotion genährt werden.

Ich erzähle dazu als Beispiel ein etwas peinliches Erlebnis, denn es bewies mir, wie wenig ich die Worte des Engels über den *dienenden* Gedanken im Laufe der Jahre bewusst gelebt hatte.

Um dies verständlich zu machen, muss ich weit zurückgreifen. Seit meiner Kindheit habe ich ein Bedürfnis nach fernen, weiten Ausblicken. Ich war ein lebhaftes Kind, aber an Aussichtspunkten wurde ich still. Stundenlang konnte einfach schauen, ganz still schauen.

Das änderte sich im Laufe der Jahre nicht – im Gegenteil! So war ich entzückt, in einer Grossstadt wie Paris eine Wohnung

DER GEDANKE

zu finden, die sich auf eines der schönsten Panoramas der Umgebung öffnete. Unter mir sah ich die herrlichen Parkanlagen von Sceaux, etwas weiter entfernt den Flughafen von Orly, der sich abends in ein lichtstrahlendes Ballett grosser Leuchtkäfer verwandelte, in guter Sichtweite, aber – Gott sei Dank – ausser Hörweite. Links reichte der Blick bis zum Eiffelturm. Ich war so beglückt, dass ich diese Wohnung «das Geschenk der Engel» nannte.

«X», eine Freundin, besuchte meinen Mann und mich dort oft. Sie machte eine tiefe Krise durch und erwartete augenscheinlich Hilfe von uns. Aber ihr Problem war so tiefgehend und weitverzweigt, dass ich mir sagte: «Hier können nur mehr die Engel helfen.»

Eines Tages erfuhr ich, dass ein moderner Wohnkomplex, ein zwanzig Stockwerke hoher Betonturm, gerade vor unserer Wohnung geplant war. Welch brutaler Schlag für *meine* Aussicht! Ich alarmierte die ganze Nachbarschaft, rief die Ökologen auf den Plan, verfasste Protestschreiben und sammelte Unterschriften.

Tag und Nacht dachte ich an nichts anderes als an die Zerstörung *meiner* Aussicht. Ich *konnte* an nichts anderes mehr denken, das Gedankenrad drehte sich schon automatisch um den Betonturm in mir.

Inmitten dieses Gedankenwirbels hörte ich plötzlich innerlich zwei Worte meines Engels: «WÜNSCHE ETWAS!»
Ich antwortete ohne zu überlegen: «Möge X von ihrem Engel Hilfe erhalten!» Im selben Augenblick stand das Gedankenrad still, die dominierende Wichtigkeit des Betonturmes fiel wie ein Kartenhaus zusammen und machte sich nie wieder spürbar.

DER GEDANKE

Ich war mit einem Schlag vom zwanghaften Denken befreit. Was war geschehen? Der Aufruf des Engels hatte mich inmitten des Herumgetriebenwerdens vor eine freie Wahl gestellt. Für einen Augenblick lang wurde ich dadurch aus dem schwelenden Rauch der betäubenden Gedanken in eine lichte Lebenssphäre hinaufgerissen, wo mir ganz klar wurde, was allein der Wunscherfüllung würdig ist: Die Hilfe des Engels für den leidenden Menschen.

Das Beherrschtwerden vom zwanghaften Gedanken war genau das, wovor mich der Engel einst durch ein unheimliches Bild gewarnt hatte:

IN DER HAND DES «SCHWARZEN ANGLERS»
IST DER ANGELHAKEN...
SEINE LOCKSPEISE: DER MENSCHLICHE GEDANKE.

SCHNAPPE NICHT DANACH, FISCH!
DEIN RACHEN WIRD ZERRISSEN...
DER FISCH STIRBT UND DER «SCHWARZE ANGLER» LÄCHELT.
SEIN RANZEN FÜLLT SICH,
ES SCHWELT IRDISCHER RAUCH
UND DIE SEELE TAUMELT BESINNUNGSLOS...
IRRT UMHER, SICH DREHEND, SICH IMMER NUR DREHEND...
[397]

Dieses Bild sprach nun klar zu mir. Hatte ich es doch an mir selbst erfahren, wie meine Seele – der Fisch – betäubt taumelte, weil sie die Lockspeise des «Gedankenteufels» – den zwanghaften Gedanken – geschnappt hatte!

Der betäubende «Gedankenrauch» ist gefahrvoll. Der Engel hatte uns daher deutlich gezeigt, wie wir dieser Gefahr ent-

DER GEDANKE

gehen können: Das sich sinnlos um sich selbst drehende Gedankenrad muss zum *dienenden* Teil eines sinnvollen Ganzen werden.

DAS RAD IST NUR FREI –
WENN ES TEIL IST, WENN ES DIENT.
WENN SEIN HERR DAS GANZE IST.
DAS ERKENNEN DURCHDRINGE DEN GEDANKEN! [399]

Das Wort ERKENNEN gab mir das Gefühl des Durchdringens und liebenden Einswerdens mit dem Gegenstand des Gedankens.
Später fiel mir auf, wie inhaltsreich das Wort ERKENNEN ist. Es bezeichnet nicht nur das über dem Denken stehende Durchleuchtetsein, sondern auch die Liebesvereinigung. (F)

Früher schon hatte der Engel den SEHEND gewordenen Gedanken erwähnt. Ich fragte mich damals, ob der SEHENDE Gedanke, der sein eigenes Denken sieht, wohl der Gedanke des neuen Menschen sei.
Als der Engel vom ERKENNEN sprach, erhielt ich Antwort auf diese Frage. Wird der blind funktionierende Gedanke vom Licht des ERKENNENS erfüllt, so wird er SEHEND.
Dunkles, unbewusstes oder zwanghaftes Denken wird unmöglich, denn der SEHENDE Gedanke ist das Licht selbst.

DER ALTE GEDANKE EMPFÄNGT DAS LICHT,
WIRD FREI UND AUFERSTEHT. [379]

MÖGET IHR ERKENNEN!
ERKENNEN IST NICHT VERSTEHEN – ERKENNEN IST LICHT.
ERKENNEN IST IN WAHRHEIT LIEBE. [338-9]

KOMMT DAS LICHT, SO WERDEN ALLE DURCH ES SEHEND.
[409]

XXIII

UNBEWUSSTHEIT UND ALLBEWUSSTHEIT

Gegen das Ende der Gespräche war ich weit davon entfernt, den Sinn jeder Botschaft zu verstehen. Damals aber vermisste ich dieses mangelnde Verständnis nicht, denn die Gegenwart der Engel durchstrahlte und nährte mich mit solcher Kraft, dass mein ganzes Wesen damit erfüllt war.

Wir hatten nun nicht mehr Zeit, nach den Gesprächen gemeinsam deren Sinn zu klären. Wir lebten in einer unglaublichen Kontrastsituation: Einerseits in der lichten Gegenwart der Engel – andererseits in der ständigen Bedrohung des körperlichen Überlebens.

Die damals unverstandenen Worte der Engel aber waren wie in mich gesäte Samen. Sie begannen in mir Monate, Jahre und auch Jahrzehnte später zu keimen und bewusst zu werden. So begann ich im Laufe der Jahre den Sinn der Botschaft mehr und mehr zu ahnen, zu verstehen ... und hie und da zu erkennen.
Oft ist es beim Ahnen geblieben. Aber auch das kann weiterführen. Der Engel hatte mir diesbezüglich gesagt:

DEIN AHNEN LEITE DICH!   [31]

Wie konnte ich aber die paradoxen Worte der Engel auch nur ahnend erfassen, als sie sagten, dass die «Erbsünde» die *eine* Hälfte der Erlösung sei?

UNBEWUSSTHEIT UND ALLBEWUSSTHEIT

Und noch unverständlicher schien es mir, dass das «sich-Entfernen-von-Gott» eine wunderbare Kraft sei! Der Engel hatte nämlich einmal gesagt:

DAS GEHEIMNIS DER «ERBSÜNDE» IST DIES:
DER BAUM WURDE AUSGERISSEN.
AUSREISSEN UND ENTWURZELN SIND NUR SCHEIN
IN RAUM UND ZEIT,
SIND NUR EINE HÄLFTE DER *ERLÖSUNG*. [334]

Und zur Erläuterung dieser rätselhaften Worte wurde noch hinzugefügt!

SCHLÄGST DU EINEN NAGEL EIN,
SO HEBST DU ZUERST DIE HAND
UND DER HAMMER ENTFERNT SICH VOM ZIEL.
DIE KRAFT ABER WÄCHST.
VON GOTT SICH ZU ENTFERNEN
IST EINE WUNDERBARE KRAFT. [334]

Lange versuchte ich, dieses Engelwort zu verstehen. Das Bild vom Hammer und Nagel sprach klar zu mir – wie aber sollte ich es in Zusammenhang mit der «Erbsünde» bringen? Was war die «Erbsünde» überhaupt?
Adam hatte vom Apfel des Wissens gegessen, entfernte sich von Gott und wurde aus dem Paradiese verstossen. Das eben erwähnte Bild aber legt nahe, dass dieses «Sich-Entfernen» nötig ist, und dass dabei eine Kraft wächst, die für die Erreichung des angestrebten Zieles *unentbehrlich* ist.
Muss ich mich also von Gott entfernen, um zur Wiederkehr reif zu werden? Ich glaube, die Engel meinten das, als sie sagten, dass die «Erbsünde» die eine Hälfte der Erlösung sei.
Diese erste Hälfte ist die Ausstossung aus dem Paradies der *Unbewusstheit* in die Dimension von Zeit und Raum, wo

durch das Erleben der Gegensätze, der Anziehung und der Abstossung, des Guten und des Bösen, *Bewusstheit* erlangt werden kann.
Erst das Auseinandergerissensein und die Entfernung machen uns bewusst, dass wir vor der Ent-zweiung in einer Ganzheit aufgehoben waren. Diese Ganzheit war uns aber völlig unbewusst. Durch den Schmerz des Gespaltenseins erwacht die bewusste Suche nach dem neuen Einswerden. Die Spannung zwischen den Gegensätzen wird so zur Triebfeder der Bewusstheit.
Das Mittel aber, Bewusstheit zu erlangen, ist nach den Worten der Engel der Verstand:

ADAM, DER VERSTOSSENE,
ERHIELT ANSTELLE DER GOTTESKINDSCHAFT
DEN VERSTAND, DEN GEDANKEN. [397]

Wir mussten «sündigen» und den verbotenen Apfel des Wissens essen, um uns zu entwickeln:

ER SENDET DIE SÜNDE – DAMIT IHR SEHEND WERDET. [90]

Ich begann zu ahnen, dass es die Erbsünde ist, die dieses «Sehend-Werden» ermöglicht – dass es der blinde Gedanke ist, der zum SEHENDEN Gedanken wird – dass es das ichbegrenzte Bewusstsein ist, dass zum unbegrenzten Allbewusstsein führt.

Die Engel gaben uns ein sprechendes Bild für den *blinden,* alten Gedanken:

DER GEDANKE IST MATERIE, NIEDERZIEHENDES GEWICHT,
TAUMELND UND BLIND.
SCHLANGE IM EIGENEN SCHWANZ VERBISSEN... [397]

UNBEWUSSTHEIT UND ALLBEWUSSTHEIT

Bei diesen Worten sah auch ich mich blind im Kreise der Begrenztheit drehen, vom blinden Blindenführer – dem Gedanken – *beherrscht.*

Dann aber öffnete sich der begrenzte Kreis zu einer unbegrenzten Spirale und dort wurde der beherrschende Gedanken zum *dienenden* Gedanken des Unbegrenzten.

Seitdem scheint mir der *dienende* Gedanke der Schlüssel zu einem neuen, wiederzufindenden «Paradies» zu sein. Nicht zum alten der kindhaften Unbewusstheit, sondern zum neuen Paradies der Allbewusstheit.

Wie aber ist es möglich, diese unermesslichen Weiten evolutiver Wandlung zu durchleben? Im Laufe der Gespräche entdeckte ich immer neue, immer umfassendere Aspekte des Engels. Er ist der belebende Genius alles Werdenden. Er ist der Lenker der evolutiven Lebensströme. Er ist es, der uns aus der *unbewussten Einheit* mit allem Lebenden – aus dem Kindheits-Paradies – in die Welt des Gespaltenseins in Gegensätze führt. Und wiederum ist er es, der uns hier hilft, eben durch die leidvolle Erfahrung des Gespaltenseins wach zu werden, immer wacher, um endlich zum Leben in *vollbewusster Einheit* mit allem Seienden zu gelangen.

XXIV

DAS BÖSE, DIE SÜNDE UND DER TEUFEL

Wenn ich jetzt an die Gespräche zurückdenke, so kann ich sagen, dass die befreiendsten Momente nicht diejenigen waren, als die Engel von der Freude und dem Lächeln sprachen, sondern diejenigen, als von der möglichen Umwandlung des Bösen die Rede war.

Sagt der Mensch etwas, so habe ich fast immer das Gefühl, dass er «fest-stellt», und so ist dieses «Etwas» schon irgendwie erstarrt. Sagt aber der Engel etwas, so vermittelt er das Gefühl eines dynamisch Fliessenden, in ewiger Veränderung und Erneuerung sich Befindlichen.

Auch das «Böse» wurde dadurch für uns zu einem veränderlichen und unserer jeweiligen Bewusstseinsstufe entsprechenden Begriff.

DAS BÖSE IST DAS WERDENDE,
ABER NOCH NICHT GEFORMTE GUTE. [169]

DU NIMMST DAS SCHLECHTE AUF
UND VERWANDELST ES IN GUTES.
DENN ES GIBT NICHTS SCHLECHTES,
ES GIBT NUR UNGEWANDELTE KRAFT. [171]

Ich begann zu ahnen, dass meine Aufgabe in bezug auf das Böse, die Sünde, das Teuflische, darin bestand, ihre destruktiven Energien in mir bewusst zu machen und sie auf den ihnen ursprünglich zubestimmten Platz zu leiten, wo sie dann nicht mehr zerstören, sondern aufbauen. (G)

Für die Engel ist alles in ständiger Wandlung, und daher ist in ihrer Sicht das Gegenteil, das «*Nicht-Wandeln*», die eigentliche Sünde.

DER NAME ALLER SÜNDE IST: «DAS *NICHT MEHR* GUTE».
DER SÜNDE KANN EIN ENDE GESETZT WERDEN
DURCH DAS: «NOCH NICHT GUTE». [89]

Die Sünde wird vom Engel in der evolutiven Möglichkeit eines noch nicht verwirklichten Guten betrachtet.

Selbst der Begriff des Teufels, den die Engel auch den «Flüsterer», «Vater aller Lügen» und «Versucher» nannten, wurde in ihren Worten zu einer temporären, pädagogischen Notwendigkeit.

DIE AUFGABE DES BÖSEN IST, ZU VERSUCHEN.
UNGEWOHNTE KRAFT ERFORDERT
UNGEWOHNTEN WIDERSTAND.
LEBENSUNFÄHIGES KANN NICHT WIDERSTEHEN.
LEBENSFÄHIGES ABER FORMT SICH UM. [211]

DEM STARKEN IST DIE SÜNDE: LEHRE.
DEM SCHWACHEN: VERDAMMNIS. [77]

Das Böse sollte also auch eine Aufgabe erfüllen und uns durch die Versuchung zur Entwicklung von Widerstand und Umformung anspornen.
Wer ihm aber nicht widersteht, ist lebensunfähig. Das schien mir anfangs erbarmungslos, ja grausam. Aber bald dämmerte

es mir auf, dass der wandlungsunfähige Mensch die neue Lebensintensität einfach nicht ertragen könnte.
Dass die Sünde «Lehre» sein kann, fand ich befreiend. Ich erlebte, dass wir durch die Erfahrung des Bösen vielleicht am stärksten zur Arbeit an uns selbst und zum Überwachsen unser selbst herausgefordert werden.
Dies schien mir auch der Sinn der «Verstossung Adams» zu sein, der durch eine lange Entwicklungsphase *bewusst* und selbständig geworden, vollständiger und frei zum VATER heimkehren kann.

DIE GOTTESKINDSCHAFT IST EWIG.
ADAM, DER VERSTOSSENE, ZIEHT EIN INS *NEUE* HAUS
ALS HEIMGEKEHRTER SOHN. [388]

Warum bereitet der VATER dem verlorenen Sohn und nicht dem zu Hause gebliebenen ein Festmahl zu?
Der verlorene Sohn hat die Sünde kennengelernt, ohne aber in seiner Tiefe die Angehörigkeit zum VATER zu verlieren. Wie hätte er sich sonst *SEINER* erinnern können, um zu *IHM* heimzukehren? Er hatte das Böse in sich erkannt und umgewandelt, eine unerlässliche Phase zum MENSCH-Werden durchschritten, und kam mit erweitertem und gewandeltem Bewusstsein heim. So empfing ihn der VATER festlich im *neuen* Hause.
Die vierte Lebensdimension wurde oft als dieses neue Haus, in dem der *ganze* Mensch wohnt, bezeichnet.

RUFET DEN *MENSCHEN* ZUM DASEIN,
IHN, DEN BEKEHRTEN REBELLEN,
UND DIE SPALTUNG, DER RISS, DAS STERBEN,
VERSCHWINDEN IN DER SCHÖPFUNG WUNDERBAREM PLAN.
[366]

Da fragte ich mich: «Bezieht sich diese Heimkehr *nur* auf den menschlichen Sohn? Ist nicht auch Luzifer ein verlorener Sohn, der in seine Heimat zurückkehren kann?»

Den Worten der Engel zufolge ja!

AUCH DER «LICHT-TRÄGER»,
DER AUS UNSEREN REIHEN STAMMT,
DIE SCHLANGE, DER BETRÜGER, DER REBELLE
WIRD ERLÖST.
IN DER HÖLLE WOHNT NIEMAND MEHR. [366]

Der ganzgewordene Mensch erlöst nicht nur sich selbst, sondern auch Himmel und Hölle. Er löst die Gegensätze im Lichte seines neuen Bewusstseins auf. Das kam ganz deutlich in diesen Worten zum Ausdruck:

HIMMEL UND HÖLLE STÜRZEN EIN –
DENN ES KOMMT DAS LICHT.
ES SENKT SICH NICHT NIEDER,
DENN ES GIBT KEINE HÖLLE MEHR.
ES ERHEBT SICH NICHT,
DENN ES GIBT KEINEN HIMMEL MEHR.
EWIG HIER WOHNT DIE VIER. [366]

Dieses Himmlische und Teuflische geschieht in mir, in meinem Sein und wird durch mein Ganzwerden in mir erlöst. Mit der «VIER» meinte der Engel den vereinenden neuen MENSCHEN, in dem alle Kräfte der erschaffenen und der erschaffenden Welt zusammenfliessen.*

---

*Siehe Schema S. 165

Die Grösse dieses MENSCHEN wurde unvorstellbar, als der Engel sagte:

DER *MENSCH* IST SO GROSS,
DASS SELBST ICH IHN NICHT SEHE. [84]

Der Engel aber liess uns nicht nur erahnen, was er selbst in seinem ganzen Ausmass nicht sehen kann, sondern zeigte ebenfalls, was der «Irreführer» nicht sieht.

ICH VERTRAUE EUCH EIN GEHEIMNIS AN:
EINES KANN DER IRREFÜHRER NICHT,
EINES KENNT ER NICHT: DAS *NEUE*.
ER KANN SICH NUR INS ALTE KLEIDEN. [403]

Später erklärte uns der Engel, dass das Wirkungsfeld des «Irreführers» beschränkt ist. Seine Worte waren schon vom Kanonendonner der nahen Front begleitet.

DER TEUFEL DONNERT.
IN SEINER HAND WIRBELT DER ERDBALL,
DER VERGIFTETE APFEL – SEIN EINZIGES REICH. [403]

Des Teufels Sichtweite ist also begrenzt, er weiss nicht, dass der neue MENSCH auch ihn einst erlösen wird.
Bis dahin «hilft» er den Engeln, indem er die Menschen versucht und sie dadurch zu grösserer Bewusstheit herausfordert.

AUCH DER VERSUCHER HILFT UNS,
ALLES HILFT UNS.
DIE AUFGABE DES BÖSEN IST, ZU VERSUCHEN.
BALD WIRST DU JENSEITS ALLER VERSUCHUNG SEIN. [184]

Jetzt verstand ich, warum der liebende, Lili so treu behütende Engel *nie* ihre Versuchung verhinderte. Im Gegenteil, er lehrte sie, dass die Versuchung zum Erlangen umfassenderen Bewusstwerdens unerlässlich ist, bis sie den Gegensatz «Himmel-Hölle» in sich vereint haben werde. Erst dann erübrige sich die Versuchung, wie auch die Hilfe des Engels.

DER ENGEL FLÜGEL – DER TEUFEL SCHATTEN
WERDEN UNNÖTIG. [308]

Wo bleibt dann die alte Lehre der «Ewigen Verdammnis»? Ich hatte einmal gefragt, was dieser Begriff bedeuten mag und die Antwort darauf war ein einziges ungarisches Wort: «Mumus». Der Engel bediente sich sonst nie familiärer Ausdrücke, aber dieses Wort war zu unserer Erheiterung komisch familiär. Was ist der «Mumus»?
Noch heute kann man in entlegenen ungarischen Dörfern hören, wie alte Frauen den Kindern drohen: «Wenn ihr nicht brav seid, kommt euch der Mumus holen!» Es ist der Kinderschreck.
Es war befreiend, den tragischen Begriff der «Ewigen Verdammnis» zum Kinderschreckgespenst einer etwas veralteten Volkspädagogik reduziert zu sehen.
Aber auch das ist relativ, denn laut der Engel gibt es noch viele Menschen, für die der Kinderschreck – nämlich die Angst vor der Bestrafung – ein heilsames Hemmnis wäre.

WEHE DENEN, DIE NICHT DARAN GLAUBEN
UND ANGST BENÖTIGTEN.
SIE FÜRCHTEN NICHTS MEHR –
ANGST ABER WÄRE IHNEN EINE STÜTZE. [136]

Sollte also die Angst vor der ewigen Verdammnis ein pädagogisches Hilfsmittel gewesen sein, das weise Kirchenväter einst

dem seiner Verantwortung noch unbewussten, unmündigen Menschen als Stütze gaben? Vielleicht.
Uns aber verkündeten die Engel, dass es keine endgültige Verdammnis gäbe. Und dasselbe sagten sie auch in bezug auf den Teufel:

AUS TEUFELN WERDEN WIEDER ENGEL. [310]

Welches aber ist das Schicksal derer, die sich ihrer Verantwortung noch nicht oder nur teilweise bewusst wurden?
Die Antwort auf diese beängstigende Frage war klar und geheimnisvoll zugleich:

GEHEIMNIS DES JÜNGSTEN GERICHTES:
NICHTS GEHT IN *SEINER* HAND VERLOREN.
DIE NEUE KNOSPE WÄCHST UND BRINGT FRUCHT.
DEN ALTEN AST VERSCHLUCKT DIE GRUBE
UND ER WIRD NAHRUNG DORT UNTEN.
NICHTS TOTES MEHR – SONDERN WANDLUNG.
KEIN KEHRICHT MEHR – SONDERN ERDE,
NEUE NAHRUNG FÜR DEN GRÜNEN BAUM. [349]

Ich war erleichtert zu hören, dass die «Ewige Verdammnis» nicht gültig ist. Aber der Zyklus der Wandlung zur Erde, die wiederum den grünen Baum des LEBENS nähren wird, erscheint mir lang... sehr, sehr lang.
Die Engel sagten nichts über diese Zeitspanne aus und so ist das eine der vielen Fragen, die unbeantwortet blieben. Wir waren damals wahrscheinlich nicht reif genug, die Antwort ertragen zu können.
Ich nehme das an, denn die Engel sagten uns am Ende der Gespräche, wir hätten bisher nur die *erste* Hälfte der Lehre erhalten.

DAS BÖSE, DIE SÜNDE UND DER TEUFEL

WAS IHR BIS JETZT ERHALTEN HABT,
IST FUNDAMENT, IST VORBEREITUNG.
NUR DIE HÄLFTE DER NEUEN LEHRE.
ERST NACH IHR KOMMT DIE *LICHT-LEHRE*. [379]

Diese Perspektive war erhebend und niederschmetternd zugleich. Alles, was uns bisher gelehrt wurde, was wir noch kaum assimiliert und gelebt hatten – all das war nur der Beginn...

Auch die zweite Hälfte wird voraussichtlich *nie* abgeschlossen sein, es werden sich ewig neue Möglichkeiten vor uns eröffnen:

DAS NEUE, DAS EWIGE,
IST NICHT DAS EWIG GLEICHE,
SONDERN DAS EWIG NEUE. [103]

XXV

DER NAME

Während der ersten elf Gespräche hielt sich Joseph etwas misstrauisch fern. Meistens nahm er ein Buch und ging in den Garten, während die Gespräche im Hause stattfanden. Später las er unsere Aufzeichnung und sah, dass dies «eine wahre Nahrung» sei, konnte sich aber trotzdem nicht entschliessen, an den Unterweisungen der Engel teilzunehmen.
Während des neunten Gespräches wies der Engel zum Garten hin und sagte:

ER SÄUMT. [38]

Ich verstand nicht gleich, wer mit diesem «er» gemeint war, und der Engel erklärte:

DER «SOHN». NAMEN KANN ICH NICHT AUSSPRECHEN. [38]

Da begriff ich, dass von Joseph die Rede war, und dass die von unseren Eltern willkürlich gewählten Rufnamen nicht unserer Berufung – nicht dem, was wir in Wahrheit sind – entsprechen.
Unwahres aber kann der Engel nicht aussprechen. Was er aussprechen kann, untersteht ganz anderen Gesetzen als den uns bekannten. Eines aber ist sicher: Der jeweilige Wahrheitsgehalt ist entscheidend.

Es fiel mir auf, dass die Engel selten das Wort «Gott» und den Namen «Jesus» benützten. Wahrscheinlich, weil die beiden Worte von den Menschen *entheiligt* wurden, die in diesen «heiligen Namen» jahrhundertelang die entsetzlichsten Greueltaten begangen hatten.

Wie wichtig der wahre NAME ist, begann ich schon während des ersten Gespräches zu ahnen, als mein Lehrer mir sagte:

EINEN NEUEN NAMEN WIRST DU ERHALTEN.
DER NAME IST VORHANDEN,
ABER ICH KANN IHN NOCH NICHT ENTSIEGELN.
BEREITE DICH DARAUF VOR! [11]

Oft spreche ich ein Wort aus und es klingt hohl in meinen Ohren, denn ich bin mit seiner tiefen Bedeutung nicht verbunden. Gebrauchen aber die Engel ein Wort, so offenbart sich sein ursprünglicher Sinn. Dementsprechend erfasste ich sogleich, dass der NAME dem Rhythmus, dem Ton und der Farbe meines innersten Wesens – meiner Be-rufung – entspricht. Mein unbekannter NAME faszinierte mich, aber ich scheute mich, darüber Fragen zu stellen und ich tat recht daran.

Einmal sah ich innerlich ein blaues Leuchten, dessen Numinosität mich zutiefst berührte, denn ich ahnte, dass es das Eigenlicht meines mir noch unbekannten NAMENS sei.

Als ich danach fragte, war die Antwort eine knappe, abwehrende Gebärde, wie wenn einem Unberufenen der Eintritt in ein Heiligtum verwehrt würde. Ich war noch nicht reif, meinen Namen zu empfangen.

Im Laufe der weiteren Monate hatte ich so viel Neues zu assimilieren, dass ich dieses Erlebnis beinahe vergass. Der Engel aber vergass nichts. Neun Monate später sagte er mir ohne jede Frage:

ES DÄMMERT DAS BLAUE LICHT
UND ES KOMMT DAS WEISSE,
IN DEM DIE SIEBEN FARBEN ZUSAMMENFLIESSEN.

DER NAME

DAS BLAUE LICHT IST SCHON DAS SECHSTE.
DIE GELBE SONNE SCHEINT DANEBEN
NUR EIN FLACKERNDES TALGLICHT ZU SEIN. [318]

Nun verstand ich, dass das blaue Licht, dessen numinoses Leuchten mich so tief durchdrungen hatte, das Licht der sechsten Lebensstufe ist und dass mein Name – meine Berufung – ihr entstammt. Es ist meine Aufgabe, ihr Licht und ihre Kraft in dem mir möglichen Masse auszustrahlen.

Jeder Mensch trägt in sich verborgen seinen wahren NAMEN, der seiner einzigartigen Individualität entspricht und sich nie, aber nie, wiederholt.

ER GIBT DEN NAMEN.
DER NAME IST NICHT ZUFÄLLIGE ZIER.
DER NAME IST EWIG – IST GÖTTLICHER TEIL. [329]

Es war für mich eine Offenbarung, das wir alle, so wie wir in Wahrheit *sind,* ein Teil Gottes sind, und dass unser NAME mit diesem göttlichen Teil identisch ist.

Mein Meister hatte mir gezeigt, wie ich mich auf das Entsiegeln des neuen NAMENS vorbereiten solle: Durch immer intensiver gelebtes Leben.

ER GAB EUCH EINEN NAMEN, DEN EWIGEN NAMEN.
WENN IHR NICHT NUR WÄHNT ZU LEBEN,
SONDERN WAHRLICH LEBT – DAS LEBEN LEBT –
DANN WIRD ALLES MÖGLICH. [404]

Hatte ich bisher nur *gewähnt* zu leben? Hatte ich nur in meinen Gedanken gelebt, statt in meinem ganzen Sein? Das ist mehr als wahrscheinlich, denn uns wurde ja einmal gesagt:

DER NAME

DU TRÄUMST NOCH VOM LEBEN.
VERGLICHEN MIT DEM LEBEN, DAS KOMMT,
IST DAS JETZIGE: TOD. [185]

Ich fühlte mich in einem sonderbaren Übergangsstadium zwischen dem alten, *kaum* gelebten Leben und dem neuen, *noch nicht* gelebten Leben, dem ganzen LEBEN.
Wie aber könnte ich die Intensität des göttlichen Lebensteiles, meines NAMENS, ertragen, wenn ich lau dahinlebe?
Seine Intensität würde mich vernichten.

Die Lehre der Engel ist nichts anderes, als der Weg zum immer intensiver, ganz gelebten Leben.

LAUES «VIELLEICHT» GIBT ES NICHT AN *SEINEM* TISCHE.
WER *SEIN* WORT TRÄGT,
DESSEN WEGLOSER WEG IST GANZSEIN.
SEID GANZ! [345]

Seitdem ich den weglosen Weg eingeschlagen haben, frage ich mich oft: «Lebe ich in meiner Ganzheit, in allen Zellen meines Körpers, mit allen Sinnesorganen gleichzeitig wahrnehmend? Lebe ich mit voller Hingabe des Körpers und des Gemütes?»
Dann, nur dann – so scheint es mir – kann mein wahrer NAME entsiegelt werden. Wann wird das sein? Wann werde ich fähig werden, ihn zu ertragen?
Wahrscheinlich erst dann, wenn jedes «Wann» seine Wichtigkeit für mich verloren haben wird.

XXVI

DAS GEBEN

Wenn es ein Wort gibt, das im Laufe der Gespräche einen immer tieferen Sinn entfaltete – vom alltäglichen Tun bis zum allumfassenden göttlichen Prinzip – so ist es das Wort GEBEN.

Sprach der Engel, so erhielten die Worte eine andere Dimension als die uns geläufige. So auch das Wort «geben».
Ich bemerkte bald, dass es unseren menschlichen Begriff: «Ich besitze etwas und ich gebe etwas davon», vollkommen ausschliesst.
Es näherte sich eher folgendem Begriffe: «Ich besitze nichts... was ich erhalte, das gebe ich weiter.»

Im alltäglichen Gebrauch hatte das Wort «geben» für mich einen verdächtigen Beigeschmack, den der «wohltätigen Güte». Nie aber hätte ich gedacht, dass dieser leicht störende Verdacht etwas fundamental Falsches und Entheiligendes berührte.

Ich wurde dessen am Weihnachtsabend des Jahres 1943 gewahr. Es war das erste und das letzte Mal, dass wir vier dieses Fest mit den Engeln feierten. Ich kann keine Worte finden, um die Stimmung dieses Abends zu beschreiben. In der Kindheit sind wir noch fähig, etwas märchenhaft Wunderbares zu erwarten und auch zu erleben. Hier erlebte ich es wieder. Ich war durchdrungen und aufgelöst in der Freude einer unumstösslichen Lebenssicherheit.
Als aber Lili fragte, was die «Güte» sei, wurde der sanfteste, der liebreichste, der geduldigste unter den Engeln, der noch eben

mit uns gefeiert hatte, plötzlich zum furchtbaren Engel des Gerichtes:

JEDERMANN GIBT HEUTE «GÜTE»: KEHRICHT!
NUR *ER* GIBT, UND ALLES WIRD GEGEBEN.
GRÖSSENWAHNSINNIGE WÜRMER «GEBEN».
SEI NICHT BEFLECKT VON DER «GÜTE»!
KEINE «GÜTE» SEI IN DIR!
DAS NEUE LICHT, DAS KOMMT,
LÄSST ALLES FALSCHE ZU STAUB ZERFALLEN.
NICHT DER BÖSE HAT DIE WELT VERDUNKELT,
SONDERN DER «GUTE». [155]

Nie hatte ich den «Helfenden» Engel in solcher Empörung sprechen gehört! Aber gerade das gab mir zu verstehen, dass hier eine göttliche Funktion entheiligt wird.
Denn der «gütige» Mensch wähnt sich selbst als die Quelle des Gebens, des göttlichen GEBENS, – er wähnt sich gottgleich.

Die Engel sagten von sich selbst:

WIR SIND NUR ÜBERBRINGER *SEINER* GABE. [155]

Der Grössenwahnsinn des «gütigen» Menschen kann sich recht unbemerkt einschleichen. Manchmal übergab ich etwas, das mir gegeben wurde, und nachträglich fühlte ich eine gewisse Befriedigung, ohne auf ihren sonderbaren «Beigeschmack» zu achten. Da merkte ich, dass die Grenze zwischen der wahren Freude, als Überbringer *gedient* zu haben und der eitlen Selbstbestätigung oft dünn, sehr dünn ist.

Ich lernte an einem anderen Beispiel das Gegenteil des wahren Gebens kennen. Im Anfang der Gespräche beschäftigte ich mich fast ausschliesslich mit meinen eigenen Problemen

DAS GEBEN

und mein Meister duldete es. Ich war noch in der Periode des «Selbst-Bestrahlens» und noch nicht in der des «Weiter-Strahlens».

Als ich mich einmal beklagte, nicht genug lieben zu können, war die Antwort ein niederschmetterndes Bild:

DER MOND IST NUR HELL,
WENN DIE SONNE IHN ERHELLT.
DU ABER BIST KEIN MOND.
DEINE MONDE SIND FINSTER... [45]

Meine Monde sind finster! Das deutete auf eine Sonne hin, die ihre eigenen Strahlen verschluckt! Das war für mich das Bild einer sinnlos gewordenen Welt, etwas Absurdes, Kaltes, und Lichtloses. Und ich selbst war diese Sonne! Ich selbst war diese sinnlose Welt!
Wenn ich jetzt an die Gespräche zurückdenke, bewundere ich wieder die wirkende Kraft des ausgesprochenen Wortes. Durch die vier Worte: «Deine Monde sind finster» wurde mir ein unauslöschlicher Widerwille gegen alles «Strahlenschlukken» eingeflösst.

Das bedeutete aber nicht, dass wir nicht um etwas für uns selbst bitten durften. Im Gegenteil!
Einmal behauptete ich, es sei nicht erlaubt, für mich selbst zu bitten, denn damals hielt ich das «kleine Ich» und den Körper noch für etwas – dem Geiste verglichen – Minderwertiges. Ich musste erst über diese Fehleinstellung hinauswachsen, um das «kleine Ich» als etwas das «grosse Ich» Ergänzendes empfinden zu können. Danach konnte ich auch für mich bitten.

In der ersten Entwicklungs-Periode, in der des «Selbst-Bestrahlens», wurde das ständige Bitten – auch für uns selbst – gelehrt.

DAS GEBEN

In der folgenden Wandlungs-Phase aber sagte uns der Engel etwas radikal Entgegengesetztes:

WER FÜR SICH SELBST BITTET, VERSCHLUCKT DIE STRAHLEN.
WER NICHT MEHR FÜR SICH SELBST BITTET, DER WIRKT.
EUCH BITTEN DIE BITTENDEN UM ERLÖSUNG.
GEBET! GEBET IMMER! [323]

Die Bitte für das «kleine Ich» und seine Probleme wurde unnötig, denn es war nun in einem Grösseren enthalten. Der Engel aber vergass nicht, dem «kleinen Ich» ein tröstendes Wort zu geben:

GEBET IHR, SO WIRD AUCH DEM KLEINEN, ALTEN,
DAS IN EUCH WOHNT, GEGEBEN.
DEM NEUEN, DEM HIMMLISCHEN IN EUCH,
WIRD NICHT GEGEBEN,
DENN ES IST EINS MIT *IHM*. [323]

Das wahre Geben wurde uns in einem unmissverständlich klaren Bild gezeigt, im Bilde des göttlichen Blutkreislaufes:

GÖTTLICHER PULSSCHLAG.
DIE ADERN FÜHREN ZUM HERZEN.
ALLES GÖTTLICHE BLUT FINDET DARIN PLATZ,
DENN ES WIRD *WEITERGEGEBEN*.

DAS GÖTTLICHE HERZ ZIEHT IN SEINEN SOG,
ABER DORT SOLLT IHR NICHT VERWEILEN.
NUR DIE, DIE AUS *SEINEM* HERZEN KOMMEN,
SIND DIE, DIE GEBEN KÖNNEN. [311–312]

Ich sah mit beinahe erschreckender Genauigkeit, dass alles selbstbezogene Geniessenwollen – und sei es noch so geistig – den Kreislauf des GEBENS behindert.
Wollte ich in *SEINEM* Herzen in «himmlischen Wonnen» verweilen, ohne sie weiterzustrahlen, so wäre ich wiederum nur ein «Strahlen-Schlucker».
Nur wenn ich mich immer wieder in den Sog des göttlichen Herzens ziehen lasse, aber von dort freiwillig weiterströme, um das Erhaltene weiterzugeben, nur dann werde ich wahrhaft GEBEN können.

Was aber geschieht mit dem, der nicht weitergibt? Ich glaube, es gibt in der Entwicklung eines jeden Menschen einen Moment, wo er des freien GEBENS fähig wird. Tut er es nicht, so gerinnt das «göttliche Blut» in ihm, so stockt seine Lebensquelle und seine Seele vertrocknet.

WER NICHT WEITERGIBT,
DESSEN BLUT GERINNT... ES STOCKT.
DAS IST DER ZWEITE TOD.   [313]

Die Möglichkeit des «zweiten Todes», des Todes der Seele, erfüllte mich mit Grauen. Das göttliche Blut – wird es nicht weitergegeben – gerinnt, und kann die tödliche Thrombose bewirken.
Warum empfand ich ein so tiefes Grauen? Die Ahnung stieg in mir auf, dass ein Mensch, der *innen* schon abgestorben ist... *aussen* noch weiterleben kann,... seelenlos empfinden kann... seelenlos denken kann. Eine unvorstellbar dunkle Konsequenz!
Der Engel ging nicht weiter auf dieses Thema ein und ich glaube zu erraten, warum. Wir sind nur zu schnell bereit, unsere Mitmenschen kritisch zu beurteilen. Damit aber verurteilen wir uns selbst.

DAS GEBEN

IHM ALLEIN STEHT DAS URTEIL ZU. [160]

Als der Engel später vom spontanen Weitergeben sprach, wurde uns ein wichtiges Gesetz gezeigt:

DAS GRÖSSTE, DAS *ER* UNS GAB,
IST, DASS WIR GEBEN KÖNNEN.
SO WERDEN WIR – JA SIEH! – SO SIND WIR: *ER.*
DAS GROSSE GESETZ DORT UNTEN IST:
GEBEN ZU MÜSSEN.
JEDES GRAS GIBT FRUCHT.
ALLE GESCHÖPFE GEBEN.
DAS IST DAS GESETZ: SIE *MÜSSEN* GEBEN.
WIR ABER SIND FREI. WIR GEBEN FREI. [312]

Das also ist das Geheimnis des wahren Gebens: Es ist frei von alten Banden, es ist nicht mehr instinktbedingt, wie zum Beispiel selbst das aufopferndste Geben der Eltern in bezug auf ihre Kinder.

Das wahre Geben ist frei, es ist freiwillig. Alles was die Engel vom Geben sagten, wirkte daher befreiend.

DER KLEINSTE, SO ER GIBT,
IST EBENSO GROSS WIE DIE SONNE
UND WIE DER EWIG *GEBENDE* – WEIL ER GIBT. [404]

Es war mir kaum fassbar, dass wir im Moment, wo wir frei *geben,* zum Göttlichen werden, das Göttliche *sind.*
Also kann selbst der niederträchtigste Mensch, der – und sei es nur einen Augenblick lang – spontan gibt, göttlich sein, weil er eine göttliche Funktion ausübt.

DAS GEBEN

Immer wenn die Engel vom Geben sprachen, schien es mir, als seien sie in ihrem ureigensten, lichterfüllten Lebenselement, das durch jedes ihrer Worte zu uns niederströmte:

DER EINZIGE WEG
AUF DEM DAS LICHT HERABKOMMT – IST GEBEN.
GEBET HIN, WAS EUER IST:
EUCH SELBST! [325]

XXVII

DIE MITTE

Als Hanna nach dem vierundvierzigsten Gespräch das Schema der sieben Lebensseelen skizzierte, war ich entzückt, deren Zusammenhang in klarer Struktur überblicken zu können.
Schon als Kind liebte ich es, mich visuell zu orientieren. Mit etwa zehn Jahren zeichnete ich stundenlang Landkarten unserer Gegend mit selbsterfundenen Zeichen für alles, was mir wichtig schien, um mich später während unseren Wanderungen – ohne Hilfe anderer – orientieren zu können.

Mit sechsunddreissig Jahren ging es mir nicht viel anders: Ich konnte nun aufgrund des von Hanna gezeichneten Schemas das Zusammenfliessen der Lebensströme in der Mitte überblicken.

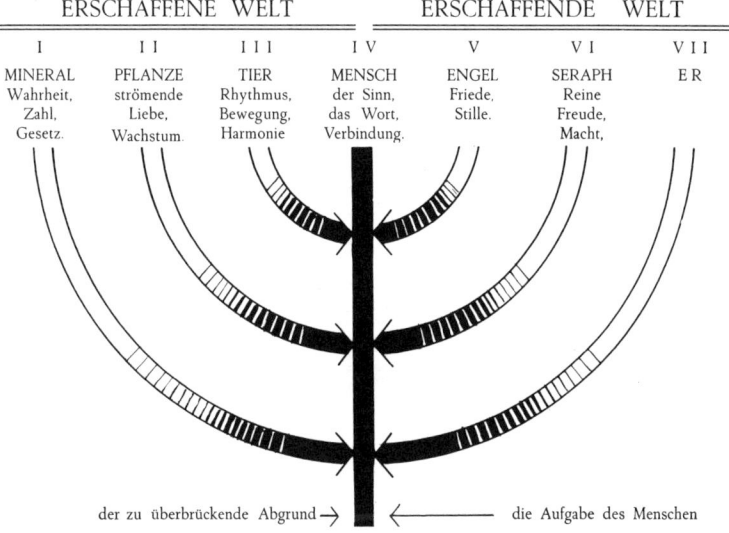

DIE MITTE

Hier sah ich wieder bestätigt, dass die Engel uns nicht in die Höhen des Geistes führen wollen, sondern in die *Mitte,* wo die Kraft des Geistes sich von selbst – durch uns – in die Materie ergiesst und die Kraft der Materie – ebenso durch uns – in den Geist aufsteigt.
So wurde mir seltsamerweise durch eine starre, graphische Darstellung das *dynamische* Zusammenfliessen der Lebensströme offenbar.

Unsere Engel verhüteten ihrerseits das Starrwerden dieses schematischen Bildes, indem sie den zwei Lebenssphären immer wieder andere Bezeichnungen gaben: Gewicht und Licht, Erde und Himmel, Materie und Geist, erschaffene und erschaffende Welt.

Desgleichen wechselten auch die Bilder, die uns immer neue Aspekte der Mitte zeigten: Einmal sprachen die Engel vom «Licht-Kinde», dann vom «Neuen MENSCHEN», dann wieder von der «Brücke», von der «Neuen Heimat», vom «Hause der Hochzeit» oder vom «Baume des Lebens». All dies bezeichnete die vierte Lebensdimension. Die Mitte wurde zum Stützpunkt der Lehre der Engel.

Das empfand ich als dem entgegengesetzt, was ich von den Ekstasen grosser Heiliger oder Weisen gelesen hatte. Diese ausserordentlichen Menschen wurden in unerreichbar scheinende Höhen des Geistes entrückt und ich hatte mich diesbezüglich oft gefragt: «Soll die *Entrückung* das Ziel der Menschheit sein? Sollen alle normalen Menschen einmal übernormale Heilige werden? Wozu dann diese herrliche Erde, die uns gegeben wurde? Ist sie zu nichts anderem gut, als zum Verlassenwerden?»
Die Engel belehrten mich eines anderen:

DAS ZIEL IST NICHT OBEN UND NICHT UNTEN.

DIE MITTE

ER WOHNT NICHT OBEN UND NICHT UNTEN.
OBEN UND UNTEN SIND NUR TEIL.
SEIN PLATZ IST DAS GANZE.
DAS ZIEL IST DIE VEREINIGUNG.
OHNE DIE VEREINIGUNG LEBT NICHTS.

IN DIE MATERIE VERSINKEN – IST TOD.
IN DEN GEIST ENTSCHWEBEN – IST GEWESEN.
JETZT ABER FORMT SICH DER BOGEN: DIE VEREINIGUNG. [326]

Nun sah ich mit grosser Deutlichkeit, dass der Neue MENSCH, der bis zur vierten Dimension aufsteigt, für alle Kräfte der erschaffenen und erschaffenden Welt eine Art Sammelbekken wird, in das jeder der sechs Lebensströme einfliesst. Er muss nicht in geistige Höhen aufsteigen, sondern die Mitte zwischen Geist und Materie erreichen, um sie dienend zu vereinen.

DER ERWÄHLTE STREBT NICHT NACH OBEN,
STREBT NICHT NACH UNTEN.
DER ERWÄHLTE LEBT UND DAS VEREINT.
DIE MATERIE RUFT DEN GEIST –
DER GEIST KNETET DIE MATERIE.
DAS LIED DES ERWÄHLTEN IST DIE VEREINIGUNG:
GEIST – MATERIE, ... MATERIE – GEIST. [326]

Suche ich, so werde auch ich gesucht. Nähere ich mich der Mitte, so bin ich nicht nur auf meine menschlichen Kräfte angewiesen, sondern es kommen mir auch übermenschliche Kräfte von der anderen Seite zur Hilfe.
Ein Streben bewirkt das andere.
Eines spiegelt das andere.
Ein Sehnen erweckt das andere.
Eine Seite erlöst die andere.

DIE MITTE

Ich bringe dem Engel die Materie – der Engel bringt mir das Licht.
Oft kam in den Worten der Engel eine Dringlichkeit zum Ausdruck, die mir die Zeitbedingtheit des Vereinens fühlbar machte, ebenso wie die Gefahr, die gegebene Zeit zu versäumen.

IST DIE GEBURT VERSPÄTET UND DIE KRAFT GERING,
SO TÖTET DER MUTTERSCHOSS.
DIE KRAFT IST BLIND, ABER SIE WIRKT,
AUF DASS MATERIE UND LICHT SICH TREFFEN.

DER MUTTERSCHOSS IST DUNKEL,
ABER ES STRAHLT DIE SIEBEN, DAS LICHT.
DIE MATERIE SCHÜTZT,
ABER SIE HÄLT AUCH ZURÜCK.
JETZT ZERREISST DIE BINDUNG
ZWISCHEN MATERIE UND MATERIE.
NICHT DAS LICHT WIRD GEBOREN,
SONDERN DIE NEUE MATERIE:
DIE LICHT-MATERIE. [326]

Alles, was die Engel über die Mitte aussagten, war im wahrsten Sinne des Wortes «ein-leuchtend».
Aber eine grundlegende Frage beunruhigte mich tief. Ich erinnerte mich an eine Erklärung unserer Lehrer, dass alles – ausser Gott – Körper sei, selbst der Geist, und zwar in einer Aufeinanderfolge von beinahe lichtlosen Körpern zu immer lichterfüllteren. Dieses Bild hatte in mir den konventionellen, starren Begriff der Geschiedenheit von Materie und Geist gesprengt und an seine Stelle war das Erkennen der Einheit alles Lebenden getreten.
Trotzdem sprachen die Engel so oft von der Kluft, vom zu überbrückenden Abgrund, der Himmlisches vom Irdischen

DIE MITTE

trennt. Wie sollte ich das verstehen? Ein Begriff widersprach doch offensichtlich dem anderen!

Als Antwort wurde mir ein ganz einfaches Bild gegeben: Der Mensch ist eine *potenzielle Einheit,* aber er hat gegensätzliche Vorzeichen: männlich und weiblich.
Himmel und Erde sind auch eine *Einheit* mit gegensätzlichen Vorzeichen. Die *Einheit* alles Lebenden hat gegensätzliche Vorzeichen: negativ und positiv... zeitlich und ewig... menschlich und göttlich... materiell und geistig.
Gegensätzlichkeit scheint die Vorbedingung bewussten Einswerdens zu sein.

Einmal fühlte ich mich dem Erleben des Einswerdens ganz nahe, und zwar durch die Kraft des ausgesprochenen Wortes:

HALB GOTT – HALB ERDE, WERDE! [152]

Das Wort «Werde!» liess mich fühlen, dass das bewusste Einswerden der Tat des Menschen noch bedarf. Die Engel offenbarten uns, dass alles, was wir in diesem Sinne tun, getragen wird von der ganzmachenden Tendenz des beginnenden, neuen Zeitalters, des Zeitalters der *«Anziehung».*
Als der Engel sagte:

SO ENTSTAND DAS SEIN:
AUS *EINEM* TON WURDEN SIEBEN.
AUS *EINEM* DIE ZWEI HÄLFTEN DES SEINS.
GEGENSATZ: ANZIEHUNG UND ABSTOSSUNG. [409]

erfasste ich erst die immense Bedeutung dieser Weltenwende. Die Botschaft der Engel kam in unserem Jahrhundert. Sie kam, um uns die Augen zu öffnen, dass die neue Weltenperiode der Anziehung *jetzt* beginnt.

DIE MITTE

Die lange Periode der Abstossung, der Ausstossung aus dem Paradies der Unbewusstheit, hatte bisher durch den leidvollen Zusammenstoss der Gegensätze unser Bewusstwerden ermöglicht. Jetzt aber kann unser Bewusstsein die Evolutionsimpulse der neuen Weltenepoche schon erfassen: nie Gesehenes, nie Gehörtes, nie Gewesenes wird sichtbar, hörbar und erlebbar. Wir können beginnen, bewusst im Zeitalter der Anziehung, im Zeitalter des Einswerdens zu leben.
Im allerletzten Gespräch wurde diese neue, heilige Kraft näher bezeichnet:

DIE HEILIGE LINIE DES HEILIGEN PLANES IST:
ANZIEHUNG. [406]

Im Jahre 1944 wurden die äusseren Umstände immer hoffnungsloser und tragischer. Als aber der Engel von der schon jetzt wirkenden Anziehung der Gegensätze sprach, war das so voll neuer Lebensmöglichkeiten, dass das äussere Elend mir beinahe belanglos erschien.
Ich fühlte, dass die Weltenperiode der Abstossung an ihrem tiefsten Punkt angelangt war, am Wendepunkt, wo alles sich in sein Gegenteil wandelt: Abstossung wird Anziehung. Das Zeitalter des Einswerdens beginnt:

ZWISCHEN OBEN UND UNTEN IST EURE AUFGABE:
VEREINEN, ERKENNEN. [338]

ERKENNEN DER SIEBEN, ERKENNEN DER ZWEI HÄLFTEN
IST VERBINDEN UND VEREINEN DER GEGENSÄTZE. [409]

Aussen näherte sich der Zusammenbruch unaufhaltsam.
Die Vororte Budapests waren schon zum Kriegsschauplatz geworden.

DIE MITTE

Zu uns aber sprach zu dieser Zeit der Engel vom Einswerden der Gegensätze. Es war das achtundachtzigste Gespräch. Gleich zu Beginn war das Erleben so stark, so intensiv, dass ich wusste: «Das ist das letzte Gespräch.»

Von der Stille, dem Frieden und dem Durchstrahltsein dieses Gespräches können menschliche Worte nichts aussagen. Es war das Abschiedsgeschenk der Engel.

ANMERKUNGEN

(A)
Für Näheres über Wesenheiten, die sich durch ein Medium während spiritistischen Séancen manifestieren können, siehe BÔ YIN RÂ:
AUFERSTEHUNG, Kapitel: Innere Stimmen.
DAS MYSTERIUM VON GOLGATHA,
Kapitel: Geistige Führung.
DAS BUCH VOM LEBENDIGEN GOTT, Kapitel: Okkulte Welt.
Kober'sche Verlagsbuchhandlung, Zürich.

(B)
Kongress «Science et Conscience», organisiert von France Culture, abgehalten in Cordobà, 1.–5. Oktober 1979. Unter anderen nahmen Fritjof Capra, David Bohm, Olivier Costa de Beauregard, Karl Pribram und der Nobelpreisträger Brian D. Josephson daran teil.

(C)
Briefdetail. Mit freundlicher Erlaubnis von Frau M. L., Nantes, Frankreich

(D)
Radiosendung: Jacques Chancel – Gitta Mallasz,
Radioscopie, France Inter, 10. 3. 1977

(E)
Dieses Ereignis ist im Buch DIE ANTWORT DER ENGEL detailliert beschrieben, siehe Seiten 399 ff. und 411 ff.

(F)
Siehe zum Beispiel den alttestamentlichen Gebrauch dieses Wortes, wo «sie erkannten sich» die Liebesvereinigung bedeutet.

(G)
Siehe das Kapitel über die Wandlung des Bösen im Buch
DIE ANTWORT DER ENGEL, Seite 168 ff.

Werke von Gitta Mallasz beim Daimon Verlag:

Die Antwort der Engel
420 Seiten, 11. Auflage, 2001, ISBN 3-85630-576-9

Dieses Buch, das weltweit Menschen zentral berührt, dokumentiert auf unspektakuläre Art eine transzendente Erfahrung.

Auf der Suche nach der Wahrheit inmitten einer Zeit des Krieges, der Lüge, des Schreckens und der Not öffnet sich vier jungen ungarischen Menschen plötzlich und unvermutet eine neue Dimension, die sie auf den Weg zu sich selbst führt.

In einem oft unbarmherzig anmutenden Wandlungsprozess enthüllt sich in der «Antwort der Engel» nach und nach der Sinn eines neuen Lebens – ein Leben der Integration und Vereinigung aller Aspekte des Seins, ein Leben der Einswerdung von Erde und Himmel, ein Leben, in dem es des Menschen Aufgabe ist, die Spaltung zwischen Geist und Materie aufzuheben und zur verbindenden Brücke zu werden.

«Das Buch DIE ANTWORT DER ENGEL hat mich ausserordentlich tief bewegt.» – Yehudi Menuhin

Weltenmorgen
176 Seiten, neue 3. Auflage, ISBN 3-85630-025-2

Die kritische und gefährliche Wendezeit, in der wir uns heute weltweit befinden, ist das zentrale Thema dieses Buches. Eine echte Chance für ein Überleben – für ein neues Leben – bietet sich nur dann, wenn wir global die jetzt gestellte Herausforderung zu einer umfassenden inneren und äusseren Wandlung annehmen. Gitta Mallasz zeigt eindrücklich mittels Texten aus *Die Antwort der Engel* auf, wie gross die Verantwortung und die kommenden Lebensmöglichkeiten des Menschen sind.

In einer der dunkelsten Zeiten unserer Vergangenheit erlebten vier junge ungarische Künstler den Einbruch einer aussergewöhnlich lichtvollen Dimension. Gitta Mallasz überlebte als einzige von ihnen den Zweiten Weltkrieg und publizierte viele Jahre später diese Erfahrung im Dokument *Die Antwort der Engel*. Nach dem grossen Interesse für die verschiedensprachigen Ausgaben dieses Bands veröffentliche Gitta Mallasz im Jahre 1983 ihr Buch *Die Engel erlebt*, worin sie auf weitreichende Leserfragen eingeht. Von 1960 bis zu ihrem Tod 1992 lebte sie in Frankreich, wo sie als Künstlerin und Graphikerin tätig war.

Sprung ins Unbekannte
160 Seiten, ISBN 3-85630-035-X

In ihrem letzten Buch führt die Autorin ihre themenbezogene und autobiographisch gefärbte Buchreihe fort und zeigt mittels thematisch geordneter Texte aus dem Dokument DIE ANTWORT DER ENGEL auf, wie gross die Verantwortung und die neuen Lebensmöglichkeiten des Menschen der Gegenwart sind.
Gitta Mallasz ermutigt uns, das Neue, noch-nicht-Gedachte, noch nicht Getane zu wagen: ihr Buch ist ein erfrischender Aufruf zur Befreiung von alten Verhaltensmustern und Denkgewohnheiten.

Vorträge, 1983
ISBN 3-85630-018-X, zwei Kassetten

Zwei Vorträge, die Gitta Mallasz im Sommer 1983 als Gastdozentin am C.G. Jung Institut in Zürich / Küsnacht hielt, wurden auf Tonband aufgenommen. Ausser den eigentlichen Vorträgen ist darauf auch eine Auswahl der Fragen und Antworten zu hören, die im Rahmen dieser Veranstaltung geäussert wurden.

Vorträge, 1985
ISBN 3-85630-026-0, zwei Kassetten

Auf diesen zwei Kassetten sind Aufnahmen von einem Vortrag enthalten, den Gitta Mallasz am 6. November 1985 in der Paulus-Akademie in Zürich gehalten hat, und Auszüge aus einem Seminar vom 9. November 1985, das unter dem Patronat von TAIS (Transpersonal Association in Switzerland) stattfand.

Eva Langley-Dános
Zug ins Verderben
150 Seiten, ISBN 3-85630-594-7

Ein erschütternder Augenzeugenbericht über eine der letzten Deportationen im 2. Weltkrieg – die letzten Tage von Hanna und Lili, aufgezeichnet von ihrer Freundin Eva, die wie durch ein Wunder diesen Schreckenstransport überlebt. Das Zeugnis einer Freundschaft voller Zärtlichkeit bis zum Tod.

Weitere deutsche Titel beim Daimon Verlag:

Regina Abt-Baechi
- Der Heilige und das Schwein

R. Abt / I. Bosch / V. MacKrell
- Traum und Schwangerschaft

Katrin Asper
- Fenster im Alltag

Susan Bach
- Das Leben malt seine eigene Wahrheit

W. H. I Bleek und Lucy C. Lloyd
- Mythen und Märchen der Buschmann-Völker

Heinrich-Karl Fierz
- Die Psychologie C.G. Jungs und die Psychiatrie

Marie-Louise von Franz
- Träume
- Psyche und Materie
- Psychotherapie
- Archetypische Dimensionen der Seele
- Die Visionen des Niklaus von Flüe

von Franz / Frey-Rohn / Jaffé
- Im Umkreis des Todes

Liliane Frey-Rohn
- Von Freud zu Jung
- Nietzsche: Jenseits der Werte seiner Zeit

Hans Thomas Hakl
- Der verborgene Geist von Eranos

James Hillman
- Selbstmord und seelische Wandlung
- Suche nach Innen

Siegmund Hurwitz
- Lilith, die erste Eva

Aniela Jaffé
- Religiöser Wahn, Schwarze Magie
- Bilder und Symbole aus E.T.A. Hoffmanns „Der Goldne Topf"
- Mystik und Grenzen der Erkenntnis
- Der Mythus vom Sinn
- Parapsychologie, Individuation, Nationalsozialismus

- Aus C.G. Jungs letzten Jahren und andere Aufsätze
- Geistererscheinungen

C.G. Jung
- C.G. Jung im Gespräch

Hayao Kawai
- Myôes Traumchronik
- Harmonie im Widerspruch

Helen M. Luke
- Sinn des Alters

C.A. Meier
- Der Traum als Medizin
- Die Empirie des Unbewußten
- Die Bedeutung des Traumes
- Bewußtsein
- Persönlichkeit

Erich Neumann
- Kunst & schöpferisches Unbewußtes

Erna Ronca
- FIS, Schätzchen!

Satprem
- Der kommende Atem
- Das Mental der Zellen
- Der Aufstand der Erde
- Evolution II

Miguel Serrano
- Meine Begegnungen mit C.G. Jung und Hermann Hesse

Bani Shorter
- Frauen und Initiation

Ernst Spengler
- Psychotherapie und das Bild vom Menschen

Arno Stern
- Der Malort

Toni Wolff
- Studien zu Jungs Psychologie

Luigi Zoja
- Sehnsucht nach Wiedergeburt

Daimon Verlag   Hauptstrasse 85   CH-8840 Einsiedeln   Schweiz
Tel.: (41)(55) 412 2266   Fax: (41)(55) 412 2231   Email: info@daimon.ch
Weitere Informationen auf unserer Internetseite: www.daimon.ch